Boff
Die Logik des Herzens

Leonardo Boff

Die Logik des Herzens

Wege zu neuer Achtsamkeit

Patmos Verlag Düsseldorf

Für Márcia,
die mit ihrem Beispiel
sorgfältiger Achtsamkeit
zu diesem Buch die Anregung gab
und dank ihrer Mitarbeit
ohne Zweifel Mit-verfasserin ist

Übersetzung
aus dem Portugiesischen
und Bearbeitung
für die deutsche Ausgabe:
Horst Goldstein

Die Deutsche Bibliothek – CIP-Einheitsaufnahme
Boff, Leonardo:
Die Logik des Herzens: Wege zu neuer Achtsamkeit/
Leonardo Boff. [Übers. aus dem Portug. und Bearb.
für die dt. Ausg.: Horst Goldstein] –
1. Aufl. – Düsseldorf: Patmos-Verl., 1999
ISBN 3-491-72422-8

1. Auflage 1999
Umschlagbild: Michelle Feri, aus: Khalil Gibran, Der Prophet,
© 1998 Walter Verlag, Zürich/Düsseldorf
Gesamtherstellung: Clausen & Bosse, Leck
ISBN 3-491-72422-8

INHALT

EINFÜHRUNG
DAS TAMAGOTSCHI UND DIE ACHTSAMKEIT

Unsere gegenwärtige Gesellschaft, üblicherweise als Informations- und Kommunikationsgesellschaft bezeichnet, läßt im Gegensatz zu dem ihr aufgeklebten Etikett die Kommunikation zwischen den Menschen zusehends verkümmern. Vereinsamung greift immer weiter um sich. Mittels Internet kann man mit Millionen von Menschen in Kontakt treten, ohne je einem einzigen zu begegnen. Einkäufe machen, Rechnungen bezahlen, seiner Arbeit nachgehen, Essen bestellen, ins Kino gehen ..., alles kann man, ohne mit irgend jemandem zu sprechen. Um Reisen zu unternehmen, ferne Länder kennenzulernen oder eine Gemäldesammlung zu besuchen, braucht kein Mensch mehr aus dem Haus zu gehen. Alles kommt per *on line* zu einem ins Wohnzimmer.

Den Bezug zur greifbaren Wirklichkeit mit ihren Düften und Farben, Kältewellen und Hitzeperioden, Freuden und Belastungen, Widerständen und Widersprüchen vermittelt fortan das virtuelle Bild, das in der Tat nichts weiter ist als Bild. Der Fuß spürt nicht mehr die Dichte des grünen Grases. Die Hand langt nicht mehr nach der Krume der dunklen Erde. Die virtuelle Welt hat dem Menschen eine neue Lebensweise beschert. Eingekapselt in sich selbst, hat er mit niemandem mehr Berührung. Menschliche Kon-takte sind dahin.

Eine solche Anti-wirklichkeit betrifft das menschliche Leben in seinem grundlegenden Kern. Sorge und

Mit-leid sind bedroht. Antike Mythen ebenso wie seriöse Denker der Gegenwart stimmen in der Einschätzung überein, das Wesen des Menschen bestünde weniger in Verstand, Freiheit und Kreativität als vielmehr in sorgfältiger Achtsamkeit. Achtsamkeit ist die tragende Basis für Kreativität, Freiheit und Verstand. Achtsamkeit und Sorge bilden das fundamentale Ethos* des Menschen. Oder anders gesagt: In der Achtsamkeit stoßen wir auf jene Prinzipien, Werte und Haltungen, die das Leben gut zu leben und richtig zu handeln machen.

Das Modell von Informations- und Kommunikationsgesellschaft, das wir in den letzten Jahrzehnten entwikkelt haben, bringt das Wesen des Menschen in Gefahr. Wo spielen denn konkrete Menschen mit Gestalt und Gesicht noch eine Rolle – konkrete Menschen mit Furchen in den Händen und Ausstrahlung in den Augen und mit je eigenen Biographien voller Suchen und Kämpfen, voller Ratlosigkeit und Scheitern, voller Leistung und Erfolg? Hat die moderne Gesellschaft denn nicht Sorge, Achtsamkeit und zärtliches Mitfühlen – alles absolut notwendige Dinge, ohne die niemand sinnvoll leben und überleben kann – in Verdacht und Verruf gebracht? Produziert sie denn nicht im selben Rhythmus, in dem sie in der Herstellung materieller Güter und im Erbringen verrechenbarer Dienstleistungen technologische Fortschritte macht, noch mehr Verarmte und Verrandete? Verdammt sie nicht nahezu zwei Drittel der Menschheit zum vorzeitigen Tod?

Mit der vorliegenden Veröffentlichung wollen wir Einspruch erheben gegen den Irrweg, auf den wir geraten

* Die mit einem Sternchen (*) versehenen Begriffe werden im Glossar am Ende dieses Buches erläutert.

sind. Wir wagen es, Wege zur Heilung und zur Wiedergewinnung der Substanz des Menschen vorzuschlagen, die allesamt durch Achtsamkeit und Sorge gehen.

Wir sind zutiefst davon überzeugt, daß Sorge und Achtsamkeit, eben weil sie wesenskonstitutiv für den Menschen sind, weder verdrängt noch erledigt werden können. Werden sie es dennoch, rächen sie sich und brechen in irgendeiner Nische des Lebens wieder hervor. Täten sie es nicht – wir wiederholen uns –, gehörten sie nicht zum Wesen des Menschen.

Wo begegnen wir in unserer Gesellschaft Sorge und Achtsamkeit? Zahllose Kinder und Jugendliche, aber auch Erwachsene hantieren mit einem beinahe lächerlichen Mythos, der gleichwohl Bände spricht: mit dem Tamagotschi. Was ist ein Tamagotschi? Ein Tamagotschi ist eine Art elektronischer Schlüsselbundanhänger, der Anfang des Jahres 1997 in Japan erfunden wurde. In einem kleinen Fenster zeigt sich ein Tierchen, das mittels dreier Knöpfe unter dem Glas virtuell ver-sorgt und gepflegt sein will. Das Tierchen hat Hunger und ißt, schläft und wächst, spielt und weint, wird krank und stirbt. Alles hängt davon ab, wie be-sorgt und für-sorglich der Besitzer oder die Besitzerin damit umgeht.

Ein Tamagotschi macht viel Arbeit. Wie ein Kind will es ständig Be-achtung. Läßt man es dennoch mal aus dem Auge, meldet es sich fordernd mit seinem Piep. Geht man nicht auf es ein, droht Gefahr. Doch wer wäre dermaßen herzlos, daß er das heiß geliebte Tierchen sterben lassen könnte?

Was anfangs reines Spielzeug war, hat sich für viele Menschen – vom Kind bis zum Erwachsenen – zur Manie entwickelt und ihr Verhalten umgekrempelt. Ihr Tamagotschi ist ihnen zum Ein und Alles geworden.

Fürsorglich füttern sie es, lassen es sich ausruhen und bringen es zu Bett. Ihre Sorge kann sogar das Wunder wirken, es wieder zum Leben zu erwecken, ist es denn mal wegen mangelnder Aufmerksamkeit und Zuwendung gestorben.

Treffend sagte unlängst ein Chronist in Rio de Janeiro: »Einsamkeit, dein Codename ist Tamagotschi«. Die Achtsamkeit, mit der viele Leute das Tier ihrer virtuellen Zuwendung bedenken, ist eine Anklage gegen die Einsamkeit, in die viele Menschen – ob Männer, ob Frauen – in der anbrechenden Kommunikationsgesellschaft geraten sind. Andererseits ist sie aber auch ein Indiz dafür, daß wir trotz der Entmenschlichung eines großen Teils unserer Kultur das Wesen des Menschen noch nicht verloren haben. Es lugt hervor aus der Fürsorge, mit der sich manche unserer Zeitgenossen um ein elektronisches Teil kümmern, statt sie in konkrete Menschen in ihrem Umfeld zu investieren: in die kranke Oma oder in den körperbehinderten Klassenkameraden, in das streunende Straßenkind nebenan oder in den alten Mann, der morgens die Brötchen bringt, in die Armen und An-den-Rand-Gedrängten in unseren Städten oder auch in ein lebendes Tier, an dem wir hängen, ein Hamster oder ein Papagei, eine Katze oder ein Hund.

Achtsamkeit und Sorge sind eine Kritik an unserer mit dem Tod ringenden Zivilisation, zugleich aber auch ein Prinzip, das zu einem neuen Paradigma* des Zusammenlebens inspiriert. Darum soll es im vorliegenden Buch gehen.

Wir träumen von einer zukünftigen Welt, in der wir keine elektronischen Maschinchen mit virtuellen Figuren mehr brauchen, um mit unserer Einsamkeit fertigzuwerden und unseren menschlichen Kern aus Sorge und Achtsamkeit zu realisieren. Wir träumen von einem weltumspannenden Gemeinwesen in dem einen großen gemeinsamen Haus, der Erde, in dem sich die strukturgebenden Werte entwickeln in der Sorge um den Menschen, insbesondere um den kulturell anderen, um den von Natur oder Geschichte Benachteiligten, um den Ausgebeuteten und Ausgeschlossenen, um Kinder, Alte und Sterbende, in der Sorge um Pflanzen, Tiere und liebgewonnene Landschaften und vor allem in der Sorge um unsere große, hochherzige Mutter, die Erde. Wir träumen von einem Zustand, in dem die Sorge zum grundlegenden menschlichen Ethos* und zum Mit-leiden mit der ganzen Schöpfung geworden ist, ohne das ja kein Wesen existieren kann.

I. DEFIZIT AN ACHTSAMKEIT – STIGMA UNSERER ZEIT

Das Anliegen dieses Buches ist von höchster Dringlichkeit. Allenthalben zeigen sich Symptome dafür, daß wir dabei sind, den Planeten Erde wie auch die Menschheit großflächig zu verwüsten. Das Modell unbegrenzten materiellen Wachstums, dem ja die ganze Welt nachläuft, macht zwei Drittel der Menschheit zu Opfern, vergeudet die Ressourcen der Erde und belastet die Zukunft kommender Generationen. Wir stehen vor einer Wegegabelung mit weitreichenden Konsequenzen. Was ist die Richtung, in der wir der Grenze der Belastbarkeit des Superorganismus Erde zusteuern? Was die Richtung, in der uns eine Zivilisation des Chaos droht?

Die Erde hat in ihrer langen Biographie unvorstellbare Katastrophen und Umwälzungen erlebt. Alle hat sie überlebt. Immer hat das Prinzip Leben obsiegt. Immer hat die Erde ihre Vielfalt bewahren können.

Wir gehen davon aus, daß es diesmal nicht anders sein wird. Es besteht die Chance zur Rettung. Dazu aber müssen wir unsere privaten und öffentlichen Verhaltensweisen in Alltag und Politik, in Kultur und Spiritualität ändern und den langen Weg der Umkehr wählen. Die zunehmende Zerstörung unseres gemeinsamen Hauses, der Erde, legt den Finger der Anklage auf die Krise, bildlich gesprochen, der Adoleszenz, aus der wir immer noch nicht herausgekommen sind. An der Wegekreuzung stehend, haben wir uns für die Straße der

Mündigkeit zu entscheiden und Zeichen der Weisheit zu setzen. Ohne das ist jede Zukunft, so verheißungsvoll sie auch sein mag, nichts als eine Illusion.

Auf eine Formel gebracht, läßt sich sagen: Was uns bevorsteht, ist weniger das Ende der Welt als vielmehr das Ende eines bestimmten Typs von Welt. Wir stecken in einer allgemeinen Zivilisationskrise. Was nottut, ist ein neues Paradigma* des Zusammenlebens, auf dessen Grundlage sowohl ein positives Verhältnis zur Erde als auch ein neuer Sozialpakt zwischen den Völkern gedeihen können, voller Achtung und voller Bemühen, alles Existierende und Lebende zu erhalten. Nur wenn uns diese Mutation gelingt, macht es Sinn, an Alternativen zu denken und Hoffnung auf etwas Neues zu hegen.

1. SYMPTOME DER ZIVILISATIONSKRISE

Was ernstzunehmende Analytiker und Denker schon seit Jahrzehnten feststellen, erweist sich inzwischen als das schmerzhafteste Symptom unserer Tage: ein diffuses Unbehagen an der Zivilisation. Dieses zeigt sich in Phänomen wie Gleichgültigkeit, Vernachlässigung und Verwahrlosung, in einem Wort gesagt: in einem Defizit an Achtsamkeit und Sorge.

• Unschuldiges Kinderleben gilt kaum noch etwas. Jungen und Mädchen läßt man verwahrlosen. Kinder werden gebraucht als Treibstoff in der Produktion für den Weltmarkt. Die Zahlen, die UNICEF für das Jahr 1998 vorlegt, sind niederschmetternd. In Lateinamerika müssen drei von fünf Kindern arbeiten. In Asien eines von zweien und in Afrika immer noch eines von dreien. Kinder hat man zu kleinen Sklaven gemacht, denen man

Kindheit und Unschuld und das Träumen stiehlt. Kaum jemand empört sich noch, wenn in den großen Metropolen Lateinamerikas und Asiens Kinder von Todesschwadronen abgeknallt werden.

- Vernachlässigung und Verachtung springen einen geradezu an, denkt man an das Los all der Armen und An-den-Rand-Gedrängten in der Welt. Von Hunger gegeißelt, überleben sie kaum die Attacken von tausend Krankheiten, die lange überwunden schienen, heute aber mit doppelter Bösartigkeit wieder auftauchen.
- Oder betrachten wir all die Arbeitslosen und Vorzeitig-in-den-Ruhestand-Geschickten, insbesondere aber die Millionen und Abermillionen von Männern und Frauen, die vom Produktionsprozeß ausgeschlossen bleiben, weil sie als überflüssig und als ökonomische Nullen gelten. Diese haben nicht einmal eine Chance, in die kapitalistische Reservearmee aufgenommen zu werden. Das Privileg, zum Preis eines gesetzlich festgesetzten Mindestlohnes und eines Minimums an sozialer Sicherheit ausgebeutet zu werden, ist für sie nur bare Illusion.
- Träume von Großzügigkeit und Hochherzigkeit, wer kann die sich angeblich noch leisten? Sorge und Achtsamkeit werden zunichte gemacht durch die Vorherrschaft des Neoliberalismus mit seiner Verherrlichung von Individualismus und Privateigentum. Für die Tradition der Solidarität hat man nur noch ein Achselzucken. Wer gibt noch etwas für die Ideale von Freiheit und Würde für alle? Erschwert wurde die Situation durch den Zusammenbruch des realexistierenden Sozialismus und die Auflösung der Sowjetunion mitsamt ihrem Block. Ungeachtet all ihrer Widersprüche führten diese zumindest immer noch die Rhetorik des Sozialen im

Munde und hielten Bewußtsein und Gewissen wach für Zusammenarbeit und Internationalismus.

• In den Städten sind Sorge und Zusammengehörigkeitsgefühl für immer weniger Menschen ein Anliegen. Die meisten empfinden sich als kulturell entwurzelt und gesellschaftlich entfremdet. Spektakel, Illusion und Entertainment sind die Charakteristika der Gesellschaft geworden.

• Zusehends weniger wird auch für die spirituelle Dimension des Menschen gegeben, für den *Esprit de finesse* (Geist der Hochherzigkeit), dem es um die Logik des Herzens und der zärtlichen Zuwendung zu allem geht, was existiert und lebt. Kaum noch einen Wert haben emotionale Intelligenz, Phantasie und Engel und Dämonen, die uns ja auch bewohnen. In den Medien bekommen wir jede Art von Gewalt und Exzeß zu sehen, Scham und Skrupel bleiben weithin Fehlanzeige.

• Öffentliche Belange stehen wahrlich nicht hoch im Kurs. Was die Politik für die Armen tut, ist ein Armutszeugnis. Was die Gesellschaft in Ernährung, Gesundheit, Erziehung und Wohnung investiert, reicht in der Regel weder vorn noch hinten. Nur schämen kann man sich über den Stand der öffentlichen Moral, die sich hat verdrängen lassen durch Korruption und unverblümte Machtspiele von Interessengruppen.

• Ehrfurcht, ohne die kein Leben, zumal kein schwaches Leben sein kann, ist aus der Mode gekommen. Geht die Entwicklung so weiter, wird bis Mitte des 21. Jahrhunderts mehr als die Hälfte aller heute noch existierenden tierischen und pflanzlichen Arten ein für allemal verschwunden sein. Nachlesen läßt sich die Prognose in der jüngsten Ausgabe des angesehenen Berichtes über den Zustand der Erde (*The State of Environment Atlas*), der in den USA verlegt wird. Mit dem Verlöschen all dieser Pflanzen und Tiere würde dann eine ganze Bibliothek von Kenntnissen untergehen, welche das All im Laufe von fünfzehn Milliarden Jahren seines mühevollen Werdens zusammengetragen hat.

• Wer geht heute noch sorgsam oder achtsam mit unserem gemeinsamen Haus, dem Planeten Erde, um? Böden werden vergiftet, Lufträume kontaminiert, Wasservorräte verschmutzt, Wälder gerodet, ganze Arten von Lebewesen ausgelöscht. Eine Decke von Ungerechtigkeit und Gewalt lastet auf zwei Dritteln der Menschheit. So etwas wie ein Prinzip Selbstzerstörung ist am Werk. Möglicherweise ruiniert es das subtile physikalisch-chemische und ökologische Gleichgewicht des Planeten, womöglich verwüstet es die Biosphäre* und bedroht mithin den Fortbestand des Experiments der Spezies *Homo sapiens et demens* (der vernünftige und zugleich unvernünftige Mensch).

• Teilnahmslosigkeit und Gleichgültigkeit schlagen den Menschen allerorten auch dann entgegen, wenn sie auf der Suche nach einer geeigneten Wohnung sind. Wohnungen werden mittlerweile fast nur noch für Kleinfamilien entworfen. Größere Familien müssen in engen, ungesunden Behausungen zusammenkriechen. Millionen und Abermillionen Menschen sind dazu verdammt, in *Favelas** ohne irgendwelche Lebensqualität zu hausen, ständig in der Gefahr, daß die Hütten bei Unwettern von den Hängen abrutschen. Jahr für Jahr werden Tausende von Mitmenschen Opfer dieser Lage. Die Art und Weise, wie sich weite Kreise von jungen Leuten kleiden, ist nur als Verlust von gutem Geschmack und von bewährten Sitten zu bezeichnen. Und schließlich werden Konflikte zwischen Personen und In-

stitutionen, die normalerweise in Dialog und gegenseitigem Verständnis zu lösen wären, nur allzu oft mit Gewalt ausgetragen.
Umringt von technischen Apparaten, erleben wir gnadenlose, wahnwitzige Zeiten. In gewisser Weise sind wir dabei, uns zurückzuentwickeln zur scheußlichsten Barbarei.

2. UNZULÄNGLICHE LÖSUNGSWEGE

In Anbetracht der Lage schwindender Achtsamkeit und Sorgfalt revoltieren viele. Was sie tun und sagen, ist nur noch Kritik. Allein auf sich gestellt, fühlen sie sich außerstande, einen befreienden Ausweg zu finden. Ohnmacht und Hoffnungslosigkeit sind ihr ständiger Begleiter.

Andere haben sogar den Glauben daran verloren, der Mensch vermöge sich noch zu regenerieren und sich überhaupt eine bessere Zukunft vorzustellen. Sie sehen mehr die Dimension der Unvernunft am Menschen (*Homo demens*) als die der Vernunft (*Homo sapiens*). Bitter und resigniert lehnen sie sich zurück. Was gibt es Schlimmeres, als nach dem Verlust des Lebens auch noch die Lust am Leben zu verlieren?

Wieder andere wollen sich Glauben und Hoffnung nicht nehmen lassen. Doch sie schlagen Lösungen vor, welche die Symptome der kollektiven Krankheit nicht erreichen. An die wirkliche Ursache der Mißstände kommen sie nicht heran. Sie befassen sich gerade mal mit äußeren Zeichen.

So meinen viele zum Beispiel, die mißliche Lage weit und breit gehe auf das Verdunsten der *Religion* zurück.

Wer Gott vergesse, sei zu allem fähig. Ohne Zweifel steckt der moderne Mensch in einem sich ständig beschleunigenden Säkularisierungsprozeß. Zum Begründen und zum Verbriefen von Sozialpakten braucht er keinen Gott mehr. Zwar gibt es noch Religion, aber Religion hat aufgehört, für das Gesamt der Gesellschaft eine Quelle transzendenten Sinns zu sein.

Der moderne Mensch hat einen ›Gotteskomplex‹. Er führt sich auf, als wäre er Gott selbst. Mit Hilfe des technisch-wissenschaftlichen Projektes, denkt er, könne er alles, und sein Ansinnen, alles zu wissen, alles in den Griff kriegen und alles planen, kenne keine Grenzen. Doch damit hat er sich offensichtlich überhoben. Zu viel Entwicklung verträgt er nicht. Zu viel Entwicklung wirkt zerstörerisch und bedroht die gemeinsame Bestimmung der Erde mit ihren Bewohnern und Bewohnerinnen. So also kam der Mensch zu seinem ›Gotteskomplex‹. Und dieser bedrückt ihn.

Indes, die Frage drängt sich auf, ob Religion alleine imstande sei, die Verirrung zu bereinigen. Ist es damit getan, daß die Leute wieder frömmer werden? Ohne Zweifel vermag Religion eine Dimension der Existenz, den institutionellen Raum des Heiligen, wieder mit Leben zu erfüllen und dessen historisch-soziale Macht wieder zu bekräftigen. Doch daß sie auch zu einer solidarischeren und mitfühlenderen Haltung führe, folgt nicht zwangsläufig daraus. Und ebenso wenig bringt sie *ipso facto* die Spiritualität mit sich, alles aneinander rück-gebunden und alles aus der einen Urquelle entspringen zu sehen.

Der springende Punkt ist nicht die Religion, sondern die Spiritualität, die den verschiedenen Religionen zugrunde liegt. Gemeint ist jene Spiritualität, die alles eint und verbindet, alles rück-bindet und integriert. Spiritualität und nicht Religion hilft bei der Suche nach Alternativen und einem neuen zivilisatorischen Paradigma*.

Dem ›Gotteskomplex‹ müssen wir die ›Geburt Gottes‹ in jedem einzelnen Menschen ebenso wie in der Geschichte der Menschheit insgesamt entgegensetzen. Aber auch im All muß Gott geboren werden.

Andere sind der Ansicht, um der gegenwärtigen Krise Herr zu werden, bräuchten wir wieder mehr *Moral*, und die Sitten müßten wieder strenger werden. Diese Vorstellung mobilisiert Millionen von Menschen gegen die Abtreibung und zum Schutz des unschuldigen Lebens, gegen den Krieg und für den Frieden wie auch für eine neue Technologie, die mit der Umwelt achtsamer umgeht als die alte. Natürlich ist Moral eine wichtige Sache. Nur für den Fall, daß sie nicht aus einer Neudefinition des Menschen, einschließlich seines Auftrags im Weltall, erwächst, das heißt im Kontext eines neuen Bündnisses von Frieden und Synergie* mit der Erde und mit den Völkern, die sie bewohnen, rutscht sie womöglich in einen öden, heuchlerischen Moralismus ab und wird zu einem Alptraum für die Gewissen. Eine neue Ethik setzt eine neue Optik voraus. In diese neue Optik müssen wir investieren, und darum bemühen wir uns im Laufe dieser Überlegungen.

Wieder andere denken, was nottue, sei mehr *Erziehung*, mehr Bildung und mehr Information. Selbstverständlich kommt es darauf an, die Kenntnisse von den Dingen zu sozialisieren, den kritischen Teil der Menschheit zu vergrößern und die Prozesse zur Ermächtigung* der Bürgerinnen und Bürger zu demokratisieren. Selbstverständlich ist Wissen unabdingbar. Ohne das notwendige Wissen werden wir nie der Feinde der Menschheit in der Gestalt von Hunger, Krankheit und Beziehungslosigkeit Herr werden. Wissen ist Macht. Wissen und Macht haben uns inzwischen bis auf den Mond, ja bis nach außerhalb des Sonnensystems gelangen lassen. Nur, im Dienst an welchem Modell von Mensch, Gesellschaft und Welt setzen wir die Macht von Wissenschaft und Technik ein? Die Antwort auf diese Frage erfordert mehr als Wissenschaft und Technik. Sie erfordert eine Philosophie des Seins, aber auch eine spirituelle Reflexion, die vom Sinn aller Sinne handelt und die dazu beiträgt, das menschliche Zusammenleben nach Maßgabe des fundamentalsten Gesetzes des Universums zu konzipieren: der Synergie*, will sagen: des Zusammenwirkens aller mit allen – in kosmischer Solidarität. Wichtiger als Wissen ist dann Nie-die-Fähigkeit-Verlieren, immer noch mehr zu lernen. Was wir brauchen, ist weniger Macht als vielmehr Weisheit. Weisheit erhält der Macht ihren instrumentalen Charakter und macht sie zu einem Mittel der Lebenssteigerung und der Bewahrung des Planeten.

Alle die genannten Vorstellungen, so anregend sie sein mögen, reichen nicht an die Wurzel des eigentlichen Problems heran. Gäben wir uns mit ihnen zufrieden, handelten wir wie jemand, der in einer Wand seines Hauses einen Riß entdeckt und sich dem verantwortungslosen Trugschluß hingibt, mit etwas Kalk und Zement ließe sich das Ganze wohl wiederherstellen. In Wirklichkeit jedoch weiß er, daß er nicht daran vorbeikommt, die normalerweise seinem Blick verborgenen Fundamente, auf denen das Haus aufruht, einmal genauer in Augenschein zu nehmen, um herauszufinden, was zu dem Riß geführt hat und wie sich der Schaden von Grund auf beheben läßt. Ist das nicht die vernünftigere und klügere Einstellung? Fängt der Sohn des Hauses an, in der Schule Probleme zu bekommen, Drogen zu nehmen und erst in den Morgenstunden nach Hause zu kommen, hilft es nichts, ihm Vorwürfe zu machen und ihn an der kurzen Leine zu führen. Vielleicht liegt das Problem gar nicht bei ihm, sondern in der Unfähigkeit der Familie, kreativ an ihren zerrütteten Beziehungen zu arbeiten, an den ständigen Spannungen zwischen den Eltern oder an der Finanzkrise, in die die Familie geraten ist und die die Träume der Kinder wie auch die Zukunft aller ruiniert.

3. UNZULÄNGLICHKEIT DES MATERIALISTISCHEN REALISMUS

Wer die Szene etwas gründlicher in den Blick nimmt, wird entdecken, daß hinter dem Gebäude der wissenschaftlich-technischen Moderne eine bestimmte Philosophie am Werk ist: der *materialistische Realismus*.

Realismus heißt die Philosophie, weil sie von der Vorstellung ausgeht, die Dinge existierten unabhängig vom sie beobachtenden Subjekt. In Wirklichkeit aber sind sie gar nicht unabhängig. Es gibt weder Objekt ohne Subjekt noch Subjekt ohne Objekt. Was es gibt, ist immer nur die eine heilige Wirklichkeit, ähnlich einem großen Fußballspiel, das ja auch nicht nur mit den Spielern auskommt, sondern überdies die Zuschauer braucht. Diese Art von Realismus ist in der Tat wenig realistisch; denn sie beschneidet den Bereich der Wirklichkeit, insofern sie das Phänomen von Subjektivität, Bewußtsein, Leben und Spiritualität draußen vorläßt.

Überall und seit jeher waren Völker und Kulturen erfüllt von Verehrung angesichts der Realität des Göttlichen, die das ganze Universum durchdringt. Sie erfuhren lebensnah die sakrale Bedeutung der Dinge und pflegten die Spiritualität als jene innere Betrachtensweise, die alles an seine göttliche Quelle gebunden weiß. Doch es ist gerade einmal etwa vierhundert Jahre her, daß eine Generation auf den Plan trat, die keinen Blick mehr hatte für diese Dimension und folglich in bezug auf ihre Selbstverwirklichung in der Welt böse verarmte. Wirklichkeit ist für sie nur mehr, was sie mit den fünf Sinnen erfassen und mit der analytischen Vernunft auf die Reihe kriegen kann.

Als *materialistisch* definiert sich diese Philosophie in dem alten Sinn, allein die Materie (Atome, Elementarteilchen, Quantenvakuum* usf.) mache die beständige Realität aus. Alle anderen Phänomene seien sekundäre Ableitungen davon. Sie hat die Tatsache noch nicht wahrgenommen, daß die Materie nicht einfach etwas ›Materielles‹, sondern stabilisierte Energie ist, voller komplexer Interaktionen. Wie schon die Etymologie des Wortes andeutet, ist die Materie die Mutter aller Dinge, einschließlich des Lebens, das ja Selbstorganisierung* der Materie ist. Noch ist sich diese Art von Philosophie nicht des Faktums bewußt, daß das Sichtbare Teil des Unsichtbaren ist.

Inzwischen läutet die Todesglocke für den materiellen Realismus. Die Quantenphysik hat ans Licht gefördert, daß alles mit allem essentiell zu tun hat und daß eine unzerstörbare Verbindung besteht zwischen der Wirklichkeit und der sie beobachtenden Person. Beide sind Dimensionen ein und derselben komplexen Realität. Das All ist etwas Bewußtes. Die moderne Kosmologie* hat gezeigt, daß das Universum ohne die Existenz eines Heiligen Geistes und ohne das Wirken einer alles ordnenden Vernunft mathematisch keinen Bestand hätte.

Die neue Philosophie hat holistische*, ökologische und spirituelle Dimensionen. Sie bietet eine Alternative zum materialistischen Realismus. Und als solche vermag sie dann auch dem Menschen das Gefühl zurückzugeben, Teil der Menschheitsfamilie, der Erde und des Alls, aber auch eines göttlichen Planes zu sein.

Damit aber haben wir die Möglichkeit, das große Defizit zu schließen, das sich hinter dem Abhandengekommensein von Achtsamkeit und Sorge verbirgt: das fehlende Gespür für die Verbindung der Dinge untereinander, die Abwesenheit des Bewußtseins, Teil, ja gar nur Teilchen des Weltalls zu sein, das Schwinden des Gefühls, der Kosmos und jedes seiner Elemente sei etwas Heiliges, die Nullanzeige bezüglich der im Geheimnis des höchsten Schöpfers und Lenkers des Weltalls verankerten Einheit aller Dinge.

Zu all diesen Fragen müssen wir, soll denn unser Bewußtsein eine neue Qualität bekommen, uns gründlich Gedanken machen. Dies ist eine Voraussetzung dafür, zu einer Haltung der Reife und der Weisheit zu finden, ohne die wir nie neue Wege abseits der ausgetretenen Pfade werden entdecken können. Jahrhunderte lang war die Kultur materiell formatiert. Heute suchen wir ängstlich nach einer einfacheren, tragfähigeren Kultur, die darauf gründet, daß wir ein Gespür haben für das Geheimnis von Mensch und Universum, für eine Ethik der Verantwortung, der Solidarität und des Mit-leidens, für Sorge und Achtsamkeit, für den inneren Wert jedes einzelnen Dings, für die Qualität unserer Arbeit, für Kompetenz, für Ehrlichkeit und für die Transparenz unserer Absichten.

Antworten können uns nur erwachsen aus anderen Quellen und aus anderen Visionen im Blick auf die Zukunft des Planeten und der Menschheit.

Nirgends, auch nicht an irgendwelchen privilegierten Orten der Erde, liegen fertige Antworten herum, weder in alten Büchern noch bei spirituellen Meistern oder Gurus mit neuen und alten Methoden, weder in geheimgehaltenen Prophetien noch in rituellen oder magischen Einführungskursen noch in bestimmten Naturheilverfahren. Selbstverständlich sind alle diese Einstiege hilfreich. Dennoch müssen wir noch tiefer graben und noch weiter ausholen. Lösungen, die lediglich mit einem Argument operieren, bringen wenig. Nur eine Vielzahl von Dimensionen vermag unsere Einschätzung zu bereichern.

In diesem Sinn wirken an der Formulierung der Antworten konkret alle mit, die sich – wo immer und unter welchen Bedingungen auch immer – in der Welt von heute um vorwärtsweisende Praxismodelle bemühen. Es gibt also nicht nur *ein* historisches Subjekt. Viele sind die Autoren der erhofften Veränderungen. Deren Inhalt geht in Richtung eines neuen Sinns, zu leben und zu wirken, einer neuen Wahrnehmung der Wirklichkeit und einer neuen Erfahrung des großen Seins. Zu den erhofften Veränderungen aber finden wir nur im kollektiven Gehen des Weges.

In der Tat sprießt inzwischen ein neues Paradigma* der Rück-bindung, des Sich-wieder-verzaubern-Lassens durch die Natur, des Mit-leidens mit den Leidenden. Eine neue Zärtlichkeit mit dem Leben ist zu spüren, ein echtes Gefühl liebevoller Zuwendung zur Erde, ja der Zugehörigkeit zu Mutter Erde. Ablesen läßt sich die veränderte Atmosphäre an der zunehmenden Zahl von Ökologie-, Meditations- und Spiritualitätsgruppen. Darüber hinaus wächst auch die Zahl derer, die sich ernsthaft um Umweltschädigungen aufgrund von privaten und staatlichen Projekten sorgen. Viele berücksichtigen bei all den Fragen auch – sozusagen als durchlaufenden roten Faden – die Erde, im Sinn eines lebendigen, organischen Ganzen. Immer mehr Menschen legen Wert auf eine natürliche Ernährung und fragen konsequent nach der möglichen ökologischen und chemischen Belastung der Waren, die sie verzehren. Im Steigen begriffen ist weiterhin das Bewußtsein der Mitverantwortung für den einen Planeten, den wir haben, für die gewaltige Biovielfalt, die er bietet, wie auch für jedes Wesen, das von Auslöschung bedroht ist. Es wächst das Gespür der Solidarität mit all den Populationen, die Hunger oder Naturkatastrophen dahingerafft haben. Bewegungen und Öffentlichkeitsaktionen zur Verteidigung der Rechte der Tiere, aber auch der sozialen und kulturellen Menschenrechte werden gestartet. Es herrscht ein bemerkenswertes Bemühen um die Überwindung des Patriarchats und zur Bekräftigung der Dimension der *anima** im Mann wie in der Frau wie auch um die Unterstützung der Frauen und vieler diskriminierter Minderheiten, die freilich in die Millionen und Abermillionen gehen können. Man denke nur an die Schwarzen, an die verschiedenen Urpopulationen und an all die Träger von gesellschaftlich geächteten Behinderungen und Krankheiten. In zunehmendem Maße inspiriert auch kosmische Spiritualität wieder alle jene sensiblen Geister, die ein Gespür haben für die von Universum und Natur ausgehende Botschaft. Im Kontakt mit den Herausforderungen unserer Zeit werden religiöse und spirituelle Traditionen wieder lebendig.

Die Dringlichkeit eines neuen Zivilisationsethos ist unübersehbar. Oder anders gesagt: Wir brauchen einen qualitativen Sprung in Richtung auf korporativere Formen des Zusammenlebens und auf eine neuerliche Ehrfurcht vor jenem Geheimnis, das den ganzen Evolutionsprozeß durchdringt und treibt.

Allenthalben sehnen sich die Menschen nach einem neuen Bündnis ewigen Friedens mit allen anderen Arten, ja mit der Erde insgesamt. Der neue Sozialvertrag, den wir damit meinen, gründet auf der ehrfurchtsvollen Beteiligung möglichst vieler Wesen, auf der Wertschätzung der Unterschiede, auf dem Begrüßen der Ergänzungsmöglichkeiten sowie auf der Konvergenz all der unterschiedlichen Kulturen, Produktionsformen, Traditionen und Sinngebungen.

5. EINE NEUE ETHIK AUFGRUND EINER NEUEN OPTIK

In kritischen Augenblicken der Geschichte, wie wir sie gegenwärtig erleben, tun die Menschen gut daran, sich der Weisheit ihrer Ahnen, aber auch fremder Völker zu erinnern und beieinander in die Schule zu gehen. Wir können allesamt nur voneinander lernen. Das Lernziel dabei ist ein neues Ethos* – ein neues Ethos, das zu einem neuen Zusammenleben der Menschen mit allen anderen Wesen der biotischen, planetarischen und kosmischen Gemeinschaft führt und das uns wieder mit Zauber erfüllt angesichts der Majestät des Universums und der Komplexität der Beziehungen, ohne die niemand und nichts existieren können.

Ethos* im ursprünglichen Sinn des griechischen Wortes bedeutet die Höhle eines Tieres oder auch die menschliche Behausung, mit anderen Worten: jenes Stück Welt, das Menschen beanspruchen, um sich ein Zuhause zu schaffen, zu gestalten und zu erhalten. Wir müssen das gemeinsame Haus: die Erde, so wiederherrichten, daß alle Platz darin finden. Wir müssen es so konzipieren, daß es zukunftsfähig ist und in der Folge einen neuen Traum von Zivilisation beherbergt. Das menschliche Haus ist heute nicht mehr der Nationalstaat. Das menschliche Haus ist heute die Erde, verstanden als gemeinsames Vater- und Mutterland der Menschheit. Doch diese befand sich bisher im Exil, eingegrenzt in Nationalstaaten, zerrissen in regionale Kulturen, aufgespaltet in zahllose Sprachen und Dialekte. Unterdessen kehrt sie aus ihrer langen Verbannung heim. Sie trifft wieder ein und läßt sich nieder an ein und demselben Ort: auf dem geeinten Planeten Erde. Hier gestaltet sie eine einheitliche Geschichte, die Geschichte der Spezies *Homo*, die eine einzige bunte weltumspannende Gesellschaft ist, im Bewußtsein ein und desselben Wohin und ein und desselben Woher.

Das Ethos* (Einrichtung des menschlichen Hauses) nimmt greifbare Gestalt an in konkreten Moral*-kodizes (Werte, Haltungen und konkrete Verhaltensweisen), je nach den verschiedenen kulturellen und spirituellen Traditionen. So unterschiedlich die zahlreichen Moralvorstellungen auch sein mögen, immer geht es um das eine: um die Rettung des Planeten und um die Sicherung der Bedingungen dafür, daß sich der Mensch als einzelner wie in Gemeinschaft entwickeln kann, in Richtung auf immer kollektivere, verinnerlichtere und spiritualisiertere Formen der Verwirklichung seines Wesens.

Woher sollen wir das Ethos* der neuen Zivilisation holen? Kein Zweifel: Es muß aus dem tiefsten Kern des Menschen erwachsen, aus Dimensionen, die zum einen grundlegend und zum anderen für jeden Mann und für jede Frau einsichtig sind. Für den Fall jedoch, daß es nicht aus der absoluten Mitte des Menschen kommt, wird es nicht über den notwendigen Saft verfügen, den die Menschheit zu einer neuen Blüte und einer reichen Ernte braucht – in der Annahme, auch unsere Nachkommen verdienten noch Zukunft.

Wir alle müssen aus der eigenen Quelle trinken, auf die Stimme in unserer Tiefe lauschen, die Mitte unseres Herzens befragen. Die Kraft aus dieser Quelldimension ist dann in der Lage, die lähmende Entmutigung und die schale Lustlosigkeit, die uns alle anwandeln, aufzuheitern. Sie vermag die unzureichenden Wege, von denen wir zuvor sprachen, zu qualifizieren. Oder anders gesagt: Die genannte Quelldimension ist die Basis eines neuen religiösen Gefühls. Sie schafft einen neuen Sinn für Ethik und Moral. Sie eröffnet eine neue instrumentale, emotionale und spirituelle Vernunft, die ihrerseits Wissenschaft, Technologie und Kritik zu Arzneien macht für Erde und Menschheit. Eine neue Ethik wird aus einer neuen Optik geboren.

Was ist das für eine Optik? Was ist das für eine Dimension, aus der das Menschliche keimt und die das Fundament legt für ein neues Geschichtsabenteuer? Was für ein Ethos brauchen wir? Was ist das Gegenstück zu fehlender Sorge und Stumpfheit, zu Gleichgültigkeit und Interessenlosigkeit?

II. ACHTSAMKEIT – ETHOS DES MENSCHLICHEN

Das Gegenteil von Interessenlosigkeit und Gleichgültigkeit ist sorgfältige Achtsamkeit. Doch Sorge und Achtsamkeit sind mehr als *Handlung*, sind *Haltung*. Es geht um mehr, als jemanden einen Moment lang mit Aufmerksamkeit, Zuwendung und Fürsorge zu bedenken. Sorge ist eine Haltung der Hinwendung und des Sich-Kümmerns, des Verantwortungsgefühls und der affektiven Anteilnahme am Gegenüber.

Haltung ist eine Quelle, die viele Handlungen freisetzt. Diese bringen umgekehrt die Grundhaltung zum Ausdruck. Wenn ich zum Beispiel sage: »Wir sorgen uns um unser Haus«, dann willl ich damit zum Ausdruck bringen, daß wir tausend Initiativen ergreifen: Wir kümmern uns um die Leute, die darin wohnen, passen auf sie auf, versehen sie mit dem Notwendigen und lassen uns ihr Wohlergehen angelegen sein. Wir bemühen uns, daß alle Zimmer eine gute Atmosphäre ausstrahlen, das Wohnzimmer, das Schlafzimmer, die Küche. Wir legen Wert auf freundschaftliche Beziehungen zu den Nachbarn und auf Wohlwollen gegenüber den Gästen. Wir strengen uns an, daß unsere vier Wände Wärme atmen, so daß wir sie nur ungern verlassen, und uns freuen, wenn wir zurückkommen. Wir achten darauf, daß Haus, Garten und Grundstück immer in Ordnung sind. Ja, selbst die Katze auf dem Sofa und der Hund an der Tür, die Fische im Teich und die Vögel in den Bäumen sind uns alles andere als egal. Alle diese Elemente zusammen konstituieren die Haltung der materiellen, persönlichen, gesellschaftlichen, ökologischen und spirituellen Sorge, mit der wir unser Haus pflegen.

1. ACHTSAME SORGE ALS WESENHAFTE DASEINSWEISE

Gleichwohl ist Sorge immer noch mehr als eine Handlung oder Haltung unter anderen. Der Philosoph, der am tiefsten die wesenhafte Bedeutung von Sorge und Achtsamkeit herausgearbeitet hat, ist Martin Heidegger (1889 -1976). In seinem berühmten Werk ›Sein und Zeit‹ schreibt er: »Die Sorge liegt als ursprüngliche Strukturganzheit existenzial-apriorisch ›vor‹ jeder, das heißt immer schon *in* jeder faktischen ›Verhaltung‹ und ›Lage‹ des Daseins.«[1] Mit anderen Worten: Die Sorge ist der tiefsten Wurzel des Menschen eingestiftet und geht jeder Tat seines Tuns voraus. Alles, was der Mensch anfaßt, ist von Sorge begleitet und von Sorge durchdrungen. Damit aber erweist sich die Sorge als eine wesenhafte Daseinsweise, die von Anfang an gegeben ist und nichts ihr Vorgegebenes kennt. Sorge ist eine quellhafte, ursprüngliche, ontologische* Dimension, die sich nie vollständig zunichtemachen läßt.

Doch Daseinsweise ist kein zusätzliches Sein. Daseinsweise ist eine Form des Seins, sich zu strukturieren und sich zu manifestieren. Dann aber ist die Sorge der Natur und der Konstitution des Menschen eingegeben.

[1] Heidegger, Martin, Sein und Zeit, Tübingen ^{8}1957, 193.

Die von Achtsamkeit und Sorge konditionierte Daseinsweise macht konkret sichtbar, wie das Sein des Menschen ist.

Ohne Sorge hört der Mensch auf, Mensch zu sein. Ein Mensch, der von der Wiege bis zur Bahre keine Sorge erfährt, verkümmert und verwelkt, sieht keinen Sinn mehr und stirbt. Ein Mensch aber, der zeit seines Lebens nichts mit Sorge tut, schädigt am Ende nur sich selbst und macht alles um sich herum kaputt. So erhellt, daß Sorge als Aspekt des menschlichen Wesens zu verstehen ist (das heißt: auf die Frage eine Antwort gibt, was der Mensch sei). Sorge hat überall Pate zu sein. Sorge ist, mit Martin Heidegger gesprochen, ein »existenzial-ontologisches* Grundphänomen«[2]. Oder ins Deutsche übersetzt: Sorge ist jene Grundlage, welche die menschliche Existenz als menschliche Existenz erst ermöglicht.

Die Frage ›Was ist der Mensch?‹ läßt sich vielfach, ja sogar widersprüchlich beantworten. Sie, einschließlich der entsprechenden Antwort, liegt unausgesprochen den unterschiedlichen gesellschaftlichen Formationen, Weltanschauungen, Philosophien und Entwürfen zugrunde, die sich menschlicher Geist im Laufe der Zeit entwickelt hat.

Doch die bis hierher latente und unbewußte Antwort wird explizit und bewußt, sobald wir sie an einem Beispiel erläutern: Welches Menschenbild steckt beispielsweise in einer Kultur, in der sich wie in der unseren alles um die wissenschaftlich-technische Vernunft dreht? Die Antwort, die dann nur kommen kann, lautet: Der Mensch ist ein vernunftbegabtes Lebewesen. Wir können aber auch fragen: Was für ein Menschenbild verbirgt

2 Ebd. 196.

sich in der kapitalistischen Produktionsweise und in der Marktwirtschaft pur? Die einzig mögliche Antwort heißt dann: Der Mensch ist seiner ganzen Substanz nach ein Wesen mit Bedürfnissen, die befriedigt werden müssen (ein hungriges Tier); der Mensch ist eine auf Konsum hin formatierte Größe. Oder weiter: Was für ein Menschenbild liegt dem Ideal der Demokratie zugrunde? Und diesmal hören wir sagen: Der Mensch ist ein partizipatives Wesen, ein soziales Agens, ein persönliches und kollektives historisches Subjekt, das unter bestimmten historisch-sozialen Bedingungen möglichst gleiche, gerechte, freie und geschwisterliche gesellschaftliche Beziehungen will. Und ein weiteres Mal gefragt: Welchen Begriff vom Menschen hat, wer sich für die Menschenrechte einsetzt? Antwort: Den Menschen umgibt eine gewisse Weihe, denn er ist Träger von unveräußerlichen Rechten und Pflichten und erweist sich als grenzenloses Projekt. Und was verstehen die Verfechter jenes wissenschaftlich-technischen Denkmodells, denen es um die Beherrschung der Natur geht, unter Mensch? Wahrscheinlich werden sie sagen: Wir sehen (trügerischerweise) im Menschen die Spitze des Evolutionsprozesses und den Mittelpunkt aller Wesen (Anthropozentrismus*); alle übrigen Dinge, insonderheit die Natur, haben nur dann Sinn, wenn sie auf ihn hin ausgerichtet sind; er kann über sie nach Belieben verfügen. Auch den Mystiker Johannes vom Kreuz (1542–1591) könnten wir fragen, was für ihn der Mensch ist, wenn er sagt, der Mensch sei dazu berufen, mittels Teilhabe Gott zu werden. Kühn wird er dann antworten: Der Mensch habe die Fähigkeit, sich auf einen Dialog mit dem Geheimnis der Welt einzulassen, nach dem letzten Sinn zu fragen, Gemeinschaft mit ihm zu pflegen und am Ende eins mit ihm zu werden. Schließlich bleibt noch zu fragen, was für ein Menschenbild uns aufgeht, wenn wir entdecken, daß der Mensch ein In-der-Welt-sein-mit-anderen ist, welches sich durch fortwährende Beziehung definiert, sich seine Welt aufbaut, sich den Dingen hingibt, den Leuten mit Achtsamkeit und Sorge begegnet, sich dem widmet, was ihm wichtig und wertvoll ist, welches auch nicht vor Leid und Schmerz zurückschreckt und sich letztendlich mit allen freut, die er liebt und mit denen er sich verbunden fühlt? Am treffendsten werden wir dann sagen: Der Mensch ist ein sich achtsam sorgendes Wesen; mehr noch: Der Kern des Menschen besteht in der Sorge. In allem, was immer man tut und sich vornimmt, mit Achtsamkeit und Sorge ans Werk zu gehen, das ist in der Tat ein unverwechselbares Charakteristikum des Menschen.

Wann immer wir von Weltbild, Projekt oder Praxismodell sprechen, tun wir also gut daran, zu verdeutlichen, welcher Begriff vom Menschen dem zugrundeliegt. Das versetzt uns dann in den Stand, bewußtzumachen, worum es uns geht, und unser Menschenbild ständig der Kritik zu unterziehen und es möglicherweise auch zu verbessern.

Im Laufe der Jahrtausende hat die Menschheit viele Wege gefunden, das Wesen des Menschen zu entziffern. Schon früh hat sie sich dabei auf den Weg der Kunst gemacht, wie etwa mit Malereien in Felsenhöhlen und Strichzeichnungen auf Tongefäßen. Zu nennen sind aber auch große Denkmäler ebenso wie winzige Elfenbeinminiaturen und – nicht zu vergessen! – die geradezu unübersehbare Fülle an Volksmusik sowie an Sprache in Form von Mythen, Fabeln, Gedichten und Geschichten. Aber auch gedanklich ist das Menschengeschlecht vorgegangen und hat Philosophien und Weltanschauungen entwickelt. Schließlich liefern die Religionen mit ihren Mythen von der Schöpfung der Erde, vom Ende der Welt und von der Herkunft des Menschen gewagte Entschlüsselungen der menschlichen Natur. Heute steht der Film hoch in Kurs, aber auch die virtuelle Welt der Kommunikation und insbesondere die empirischen, hermeneutischen und holistischen Wissenschaften. Unausgesprochen transportieren auch diese Disziplinen alle eine bestimmte Anthropologie, das heißt: ein bestimmtes Verständnis vom Menschen, vom Mann wie von der Frau.

2. MYTHEN – URALTES WISSEN UM DAS WESEN DES MENSCHEN

Alle diese Annäherungen sind ungeheuer wertvoll. Soweit wie möglich nehmen wir sie in unsere Überlegungen mit hinein. Dessen unbeschadet bevorzugen wir einen anderen Weg, den der Mythen. Wir gehen davon aus, daß Mythologien zusammen mit Religionen besser die Substanz des Menschen erhellen als Wissenschaften und Philosophien. Generation für Generation entwarfen die Kulturen in den Mythen große Visionen, trugen reiches Reflexionsgut zusammen, vertieften ihre Deutungen und gaben sie den Nachfahren weiter. Die Sprache, deren sie sich dabei bedienten, war plastisch, voller Bilder aus den Tiefen des kollektiven Unbewußten, verständlich für jedes Alter und jedes Zeitalter. Doch Mythen hatten und haben es nicht nur mit Visionen und Symbolen zu tun, sondern sie weckten und wecken auch große Emotionen. Und diese bleiben. Die ganze Geschichte hindurch mobilisieren sie Menschen und Völker.

Es ist keineswegs sicher, daß wir modernen Zeitgenossen – mit all unserer instrumentalen Vernunft und unserer ganzen Tradition von empirischer Forschung, von Kritik und Anhäufung von Wissensmaterialien über praktisch alles – das Wesen des Menschen besser kennen als antike Mythenerzähler. Immerhin haben diese ja gezeigt, daß sie jede Situation wie jede Falte der Existenz eingehend zu beobachten und ausgesprochen weise zu interpretieren vermögen. Sollten wir da nicht wieder an sie anknüpfen, ihre Beiträge zu schätzen lernen und ihre nach wie vor aktuellen Lektionen beherzigen?

So begeben wir uns also auf den Weg der Mythen. Allerdings muß dabei klar sein, was unter Mythos zu verstehen ist. Mythen sind keine Angelegenheit einer archaischen Vergangenheit, keine willkürlichen Produkte primitiven Denkens oder unkontrollierter Phantasie. Mythen sind aktuelle Gegebenheiten, insofern auch wir moderne Menschen Mythen entwickeln.

Mythen sind Sprachgebilde, mittels deren wir Tiefenphänomene, die keine analytische Vernunft zu beschreiben imstande ist, zum Ausdruck bringen. Wie könnten wir denn sonst von Verliebtsein sprechen, von Liebe und wesenhafter Sorge, von Verrat eines geliebten Menschen und von Lebenskrise, von unheilbarer Krankheit, von Geburt und Tod, wenn nicht voller Emotion und im Modus beispielhafter Geschichten? Kalte, abstrakte Begriffe vermitteln nicht die Farben der Wirklichkeit. Sie schaffen keine Bilder in der Phantasie. Dann aber verfälschen sie sogar in gewisser Weise unsere Erfahrung von dem, was uns widerfährt.

Schon von anderer Seite ist treffend gesagt worden, die etablierte Sprache der herrschenden wissenschaftlichen Psychologie stelle eine Schmähung der Seele dar.

Bei der Auswahl ihrer Analysewerkzeuge geht sie nämlich auf bestimmte mächtige Energien, die, regelrechten Göttern und Göttinen gleich, die Tiefen des Menschen bewohnen, nicht im entferntesten ein. Die Rede ist von Bildern und Symbolen. Statt dessen hantiert sie mit abstrakten Begriffen aus einem Paradigma*, das lieber bei Physik und Mechanik Anleihen macht. So kommt es also darauf an, daß wir die instrumental-analytische Vernunft, die uns wissenschaftliche Stringenz liefert, zu verbinden wissen mit der emotionalen, von Herzen kommenden Vernunft, die uns Bilder und Mythen reicht.

Freilich dürfen die mythologischen Göttinen und Götter nicht als in sich bestehend betrachtet werden, als wesenhafte, von unserer Existenz losgelöste Größen. Vielmehr bilden sie Archetypen* des kollektiven Unbewußten, mit anderen Worten: Zentren gewaltiger Kraft und großer Bedeutung, die allein durch die Sprache von Helden und Heldinnen, von Göttern und Göttinen angemessen transportiert werden können. Sie sind Gestalten voller Gefühle, aus paradigmatischen Bezügen und beispielhaften Inspirationen gemacht, die Menschen zu diesem oder jenem Verhalten bewegen.

Der Polytheismus stellt keine niedere Stufe dar in der religiösen Entwicklung zum Monotheismus. Recht verstanden, will der Polytheismus weniger die Vielfalt der Gottheiten herausstellen als vielmehr die tausend Seiten der einen und der selben Gottheit, des einzigen Geheimnisses der Gemeinschaft, auf der Grundlage dessen, daß Welt und Geist eine offene Dynamik in sich tragen. Umgekehrt betrachtet, bewegt sich der Monotheismus im Gleichschritt mit dem Aufkommen von uniformen, imperialen Visionen, die die Vielwertigkeit des Sakralen nur verkümmern lassen.

Wer indes die zahlreichen, vielfältigen Gottheiten im Sinn von mächtigen spirituellen Kräften wahrnimmt, wird sie dann auch als eine Vielfalt von Energiezentren und unterschiedlichen Sinnquellen verstehen, die dem Inneren des Menschen Struktur verleihen. In diesem Inneren des Menschen aber wohnt die Gottheit. Aufgrund dessen sind wir Menschen also nicht nur körperhafte und psychische, sondern auch spirituelle Wesen. Spirituell und psychisch sind wir mithin keine Monotheisten, sondern plurale Wesen. Wir tragen viele Lebenszentren ins uns – und nicht nur eines. Ebenso wenig stehen wir unter dem Impuls nur eines dieser Lebenszentren, sei es der Vernunft oder des Machtstrebens, des Wunsches oder des Herzens. Viele Lebenszentren durch- und umstrahlen uns. Zusammen genommen machen sie unser menschliches Leben ebenso dynamisch wie dramatisch. Alle aber sind in der singulären Existenz eines jeden Menschen miteinander verknüpft. Mittels jeder einzelnen dieser Energien haben wir Zutritt zu der höchsten Energie, die sowohl im Weltall als auch im menschlichen Herzen wohnt.

Im folgenden Kapitel befassen wir uns mit einer mythologischen Fabel, die vom Wesen des Menschen erzählt. Sie erzählt vom Wesen des Menschen in einer Weise, daß auch die dringlichsten Defizite unserer Zeit bedacht werden. Es ist die mythologische Fabel von der Sorge. In der Sorge steckt das Ethos*, das der Mensch nicht nur als soziales Wesen braucht, sondern auch zur Findung jener Quelle, aus der er sich – ob als männlichen, ob als weiblichen – Menschen definiert. Mit Ethos* meinen wir das Gesamt von Werten, Prinzipien und Inspirationen, die zu den vielen Handlungen und Haltungen (zu den verschiedenen Moralkodizes) führen, die dann ihrerseits die gemeinsame Wohnstätte und die im Entstehen befindliche Gesellschaft konstituieren. Dieses neue Ethos* brauchen wir dringend – das Ethos der Sorge und der Synergie*, der Rück-bindung und des Wohlwollens, kurz des fortwährenden Friedens mit der Erde und mit dem Leben, mit der Gesellschaft und mit den Menschen, insbesondere aber mit der großen Mehrheit der Verarmten und Verdammten der Erde.

III. EINE MYTHOLOGISCHE FABEL VON DER ACHTSAMEN SORGE

Die Fabel bzw. der Mythos über die Sorge ist lateinischen Ursprungs, hat aber griechische Wurzeln. Literarisch festgehalten wurde die Geschichte kurz vor Christi Geburt. In der Folge drucken wir zunächst das lateinische Original ab und fügen dann die deutsche Übersetzung an:

Cura, cum fluvium transiret, videt cretosum lutum
sustulitque cogitabunda atque coepit fingere.

Dum deliberat quid iam fecisset, Iovis intervenit.
Rogat eum Cura, ut det illi spiritum, et facile impetrat.

Cui cum vellet Cura nomen ex sese ipsa imponere,
Iovis prohibuit suumque nomen ei dandum esse dictitat.

Dum Cura et Iovis disceptant, Tellus surrexit simul
suumque nomen esse volt cui corpus praebuerit suum.

Sumpserunt Saturnum iudicem, is sic aecus iudicat:

Tu, Iovis, quia spiritum dedisti, in morte spiritum,
tuque, Tellus, quia dedisti corpus recipito,
Cura enim quia prima finxit, teneat quamdiu vixerit.

Sed quae nunc de nomine eius vobis controversia est,
homo vocetur, quia videtur esse factus ex humo.[3]

[3] Der lateinische Originaltext findet sich in: Heidegger, Martin, Sein und Zeit, aaO., 197–198. Unsere Fassung unterscheidet sich in der Form jedoch leicht von der Heideggers.

In deutscher Übersetzung lautet unsere mythologische Fabel:

Als einst ›Sorge‹ einen Fluß überquerte, sah sie einen Klumpen Lehm daliegen. Sofort kam ihr eine Idee. Sie nahm etwas von dem Lehm und begann, daraus eine Figur zu modellieren.

Während ihr so durch den Kopf ging, was sie schon zuwegegebracht hatte, tauchte Jupiter auf.

So bat sie ihn, dem Gebilde Geist einzuhauchen.
Das tat Jupiter dann auch gern.

Als ›Sorge‹ schließlich ihrem Werk einen Namen geben wollte, verbot das Jupiter ihr.
Nach ihm sollte es benannt werden.

Während Jupiter und ›Sorge‹ so diskutierten,
trat mit einemmal die Erde auf den Plan.
Auch sie wollte dem Geschöpf ihren Namen geben.
Immerhin war es ja aus Lehm, aus dem ja auch der Leib der Erde gemacht ist.
Die Diskussion ging hin und her.

Also baten sie Saturn, die Sache zu klären.
Dieser traf dann folgende, offenbar gerechte Entscheidung:

Du, Jupiter, hast dem Gebilde den Geist gegeben.
Also wirst du auch den Geist zurückbekommen, sobald es stirbt.

Du, Erde, hast mit dem Leib beigetragen.
Also bekommst du auch den Leib zurück, wenn das Geschöpf stirbt.

Und du, Erde, hast der Kreatur den Körper gegeben. Folglich bekommst du auch ihren Körper zurück, sobald sie stirbt.

Da du, ›Sorge‹, jedoch das Werk geformt hast, sollst du dich auch zeit seines Lebens darum sorgen und kümmern.

Was jedoch eure Kontroverse um ihren Namen angeht, soll sie ›Homo‹ (Mensch) heißen, weil sie aus ›Humus‹ gemacht ist.

Auf der Grundlage des Textes dieser mythologischen Fabel entwickeln wir nun unsere Überlegungen über die Sorge. Sorge, Sich-kümmern und Achtsamkeit werden sich uns als die eigentliche Substanz des Menschen erweisen. Zuvor jedoch steht noch die Frage nach dem Verfasser der inhaltsreichen Geschichte an.

IV. EIN GENIALER SKLAVE – GAIUS IULIUS HYGINUS

Mythen haben keinen Verfasser. Mythen, Fabeln und Sagen sind gemeinsamer Schatz der Menschheit, deren kollektives Unbewußtes diesen in der Gestalt von großen Symbolen, bewegenden Archetypen* und exemplarischen Gestalten überliefert. In jeder Generation meldet er sich unter tausend Bildern im Bewußtsein der Leute. Aber immer geht es um die eine unaufgebbare Botschaft. Mythen, Sagen und Fabeln erhellen Wege und inspirieren zu Taten. Dessen ungeachtet werden sie dann und wann in klassischen Formulierungen festgehalten. Hesiod in Griechenland (um 700 v. Chr.), Ovid in Rom (43 v. Chr. – 17 n. Chr.), die Brüder Jacob und Wilhelm Grimm in Deutschland (1785–1863; 1786–1859) sowie Luiz da Câmara Cascudo in Brasilien (1898 -1986) sind einige dieser geistbegabten Namen, die allgemein umgehendes Volksgut zu Papier brachten.

Ähnlich erging es der mythologischen Fabel von der wesenhaften Sorge, auch als ›Fabel des Hyginus‹ bekannt. Wie bereits gesagt, das Entscheidende ist nicht der Verfasser der Erzählung eines Mythos oder einer Fabel, sondern ist deren Bedeutung. Trotzdem ist es nicht uninteressant, auch etwas von Hyginus* zu wissen und den Grund zu kennen, weshalb der Mann selbst zu einer mythologischen Gestalt wurde.

1. DIE SAGE DES HYGINUS

Der vollständige Name lautet Gaius Iulius Hyginus.[4] Ein besonderes Augenmerk verdienen die Umstände, unter denen er auf den Plan trat. Man schrieb das Jahr 44 v. Chr.. Gaius Iulius Caesar (100–44 v. Chr.), berühmter General, Konsul und Gründer der Dynastie der römischen Cäsaren, war gerade im Saal des Pompeiustheaters von seinem Adoptivsohn Brutus ermordet worden. Caesars Nachfolge trat ein Triumvirat an, bestehend aus drei Konsulen: seinem Großneffen Gaius Iulius Caesar Octavius (63 v. Chr. – 14 n. Chr.), Marcus Antonius (83–30 v. Chr.) und Marcus Aemilius Lepidus (gestorben 12 n. Chr.).

Doch die drei gerieten schon bald aneinander. Jeder wollte die uneingeschränkte Macht. Octavius, geschickter und verschlagener als die beiden anderen, gelang es, seine Konkurrenten auszuschalten. Im Jahre 27 v. Chr. ließ er sich zum Kaiser ausrufen und beanspruchte den Titel Augustus für sich, der bis dahin allein den Göttern vorbehalten gewesen war. Fortan nannte er sich Caesar Augustus. Während seiner Herrschaft wurde Jesus von Nazaret geboren, der für uns Christen und Christinnen ja nicht ohne Bedeutung ist.

Im Jahre 47 vor unserer Zeitrechnung, also noch mitten in den Auseinandersetzungen um die Macht, war Octavius siegreich in Alexandrien eingezogen – jener großen Stadt in Nordägypten, die jedermann wegen ihrer Kultur, ihrer philosophischen Schulen und Bibliotheken

4 Die verläßlichsten Daten über Gaius Iulius Hyginus finden sich in Paulys Realencyclopediae der classischen Altertumswissenschaft, Bd. 19, Stuttgart 1918, Kolumnen 628–651.

kannte. Bei dieser Gelegenheit hatte Octavius einen jungen Mann namens Hyginus getroffen, der trotz seiner zweiundzwanzig Jahre bereits eine umfassende Kultur besaß und ein glänzender Geist war. Fasziniert von ihm, beschloß er, ihn mit nach Rom zu nehmen.

Sitte der Zeit war nämlich, daß sich ein siegreicher General Leute, die sein Interesse gefunden hatten, zu Sklaven machen konnte. Nicht selten setzte er diese dann für seine Kinder als Lehrer in griechischer Kultur und Sprache ein. Als öffentliches Zeichen dafür, daß die betreffenden Menschen nunmehr sein Eigentum waren, gab er ihnen seinen Namen. Hyginus macht da keine Ausnahme. Also hieß er von nun an Gaius Iulius Hyginus, auch wenn er in der Geschichte lediglich unter dem Namen Hyginus bekannt ist.

Nach einiger Zeit ließ Augustus ihn in Rom frei, behielt ihn allerdings in seinen Diensten. Er schickte ihn auf die beste Schule seiner Zeit. Diese wurde geleitet von Alexander Polyhistor, einem früheren Sklaven aus Alexandrien, der ebenfalls Freigelassener war. Zugleich war Alexander Polyhistor Direktor der berühmten Palatinischen Bibliothek, die Augustus im Jahre 28 v. Chr. gegründet hatte.

Nun waren Bibliotheken im Altertum etwas anderes als unsere Büchereien heute. Schon eher lassen sie sich vergleichen mit kulturellen Stiftungen oder Akademien, wie wir sie gegenwärtig kennen. Nicht nur Bücher gab es dort, sondern auch Kurse jeder Art, angefangen mit Theologie über Geschichte und Botanik bis hin zur Astrologie. Immer wieder fanden dort auch philosophische Diskussionen statt, und ebenso trafen sich dort Intellektuelle, Dichter und Historiker.

In dieser kulturell ausgesprochen dichten Atmosphäre machte Hyginus eine glänzende Karriere. Hingerissen von seinem alten Sklaven, übertrug Caesar Augustus, der an all dem Anteil nahm, ihm die Apollinische Bibliothek. Damit konnte Hyginus seine eigenen Kurse anbieten und – in unmittelbarem Kontakt mit den besten Geistern der Zeit und im Rückgriff auf die zahlreichen Bücher seines Hauses – das intellektuelle Leben prägen. Hyginus war gerade dreißig Jahre alt. Nach dem Tode von Alexander Polyhistor ernannte Caesar Augustus den Ägypter dann zum Leiter der Zentralbibliothek, das heißt der Palatinischen Bibliothek. Von da an inspirierte Hyginus mehr als vierzig Jahre das kulturelle Leben Roms. Dem Vernehmen nach arbeitete er noch, als er siebzig Jahre alt war.

Ein inniger Freund Hyginus' war der berühmte Dichter Ovid (43 v. Chr. – 17 n. Chr.). Und Virgil (70 v. Chr. – 19 n. Chr.), der als der größte Dichter lateinischer Sprache überhaupt gilt, war sein Schüler.

Nach Auskunft der Historiker starb Gaius Iulius Hyginus im Jahre 10 unserer Zeitrechnung als armer Mann. Mit Geld habe er nicht umgehen können, heißt es. Aus Solidarität mit seinem Unglück widmete ihm Ovid eine Ode mit dem Titel »Tristia Hygin«, was soviel bedeutet wie »Das Mißgeschick des Hyginus«.

2. DAS WERK DES HYGINUS

Dank der vielen Kontakte und der Möglichkeiten des Zugriffs auf die Quellen in seiner Bibliothek setzte Hyginus ein umfangreiches Werk in die Welt. Zu nennen sind zunächst theologische Texte über die charakteristischen Eigenschaften der Götter (*De proprietatibus deo-*

rum), namentlich der Hausgötter (*De dis penatibus*). Besonders lagen ihm Biographien. Nicht weniger als sechs Bände über Leben und Werk illustrer Menschen aus Rom und der ganzen Welt (*De vita rebusque illustrium virorum* und *De viribus illustribus urbis Romae)* stammen aus seiner Feder. Auch mit Ökologie befaßte er sich, und minutiöse Beschreibungen brachte er sowohl von italienischen Städten als auch von der dortigen Landwirtschaft zu Papier. Ebenso stammt von ihm die erste bekannte Monographie über Bienen (*De apibus*). Auch zu Themen wie Astronomie und Astrologie (*De mundi et sphaerae; De signorum coelestium historiis; De astrologia*) machte er sich Gedanken. So erhellt, daß Gaius Iulius Hyginus ein unruhiger Geist mit den verschiedensten intellektuellen Interessen gewesen sein muß.

Was uns hier indes direkt interessiert, ist sein Hauptwerk *Fabulae seu Genealogiae. Fabeln oder Genealogien* ist eine Sammlung von dreihundert Legenden, Geschichten und Mythen. So gewaltig, so ungleich ist aber auch das Opus. Es enthält Materialien aus unterschiedlichsten Quellen und verschiedenster Stile. Manches ist sogar widersprüchlich. So kam der Gedanke auf, das Buch der Fabeln sei gar nicht Hyginus allein zuzuschreiben. Gebildet und scharfsinnig, wie er war, sei er zu derlei offenkundigen Fehlern und Widersprüchen wohl kaum fähig gewesen. Diese könnten nur zu Lasten Dritter gehen, die dies und das in den Text eingeschoben hätten.

Andere sehen die Sache anders. So etwa habe Hyginus die Materialien in der Form belassen wollen, wie er sie vorfand. Er habe sie lediglich in eine bestimmte Ordnung gebracht. Einige habe er, zugegeben, überarbeitet und verschönert; denn in Stil und Ästhetik sei er Meister gewesen.

So oder ähnlich muß es auch der mythologischen Fabel Nr. 220 ergangen sein, die wir soeben referiert haben. Offenbar aus griechischen Quellen stammend, ist diese von Hyginus im Stil römischer Kultur überarbeitet worden. Knapp, wie sie gehalten ist, strahlt sie große literarische Schönheit aus.

Im folgenden betrachten wir anthropologische, philosophische und ethische Aspekte der Geschichte.

V. BOTSCHAFT DER FABEL VON DER ACHTSAMEN SORGE

Wir gehen jetzt dazu über, die Gestalten unserer mythologischen Fabel etwas näher zu betrachten. Dadurch hoffen wir, fundamentale Aspekte am Wesen des Menschen zu entdecken und das Ethos* für eine neue Zeit begründen zu können.

1. WAS IST EINE FABEL, WAS EIN MYTHOS?

Zunächst einmal bedarf es der Klärung, was unter Fabel und was unter Mythos zu verstehen ist.

Eine *Fabel* ist eine phantasievolle Erzählung, deren handelnde Gestalten in der Regel Tiere, Pflanzen oder Personifizierungen von Eigenschaften, Tugenden oder Lastern sind. Eine Fabel soll eine moralische Lektion vermitteln oder eine abstrakte Wahrheit konkret werden lassen. Bekannt sind die Fabeln von Jean de La Fontaine (1621–1695). Vor allem die Fabel vom Fuchs und den Weintrauben hat wohl jeder schon einmal gehört.

Mit der uns hier beschäftigenden Geschichte will Hyginus* offensichtlich der Dimension der Sorge und der Achtsamkeit Gestalt geben. ›Sorge‹ geht am Flußufer entlang. Sie stößt auf einen Klumpen Lehm, fängt an zu phantasieren, was sich daraus wohl machen lasse, und formt schließlich eine menschliche Gestalt daraus. Jupiter und die Erde verwickelt sie in eine Diskussion.

Schließlich läßt sie sich auf den Urteilsspruch Saturns ein.

Hyginus' Geschichte hängt an mythologischen Gestalten griechisch-lateinischen Ursprungs, die prallvoll sind von symbolischer Bedeutung: Jupiter, Erde, Saturn. Deswegen ist sie für uns nicht einfach eine Fabel, sondern wir qualifizieren sie als mythologische Fabel. Dann aber stellt sich die Frage: Was ist ein Mythos?

Ein *Mythos* ist eine Geschichte, die wegen der Doppeldeutigkeit, die sie beinhaltet, sehr komplex ist. In der Umgangssprache kann Mythos eine verkürzende, kaschierende und interessengeleitete Sicht der Dinge befördern. Mythos kommt dann in die Nähe von Ideologie. So gesehen, steht Mythos für Klischee oder die kollektive Auffassung von relevanten Themen (Personen, Situationen, Ereignissen), die in der jeweiligen Kultur gängige Münze sind. So ist beispielsweise die Rede vom »Mythos des guten Wilden«, vom »Mythos des schwachen Geschlechts« oder vom »Mythos des faulen Negers«.

Wer etwa vom »guten Wilden« spricht, bedient sich der verbreiteten Auffassung, die Ureinwohner unseres Erdteils seien nicht nur Wilde, sondern seien, weil sie noch ganz natürlich und von der Kultur noch nicht verdorben seien, näherhin gute Wilde. Doch das ist ein verkürzendes Klischee. Denn auch Indianer haben ja Kultur, greifen – wenn auch auf ihre Weise – in die Natur ein und kennen als soziale Wesen auch eine sym-bolische und eine dia-bolische Dimension.

Die patriarchale Kultur stufte die Frau als schwaches Wesen ein und prägte den Mythos vom schwachen Geschlecht. Daß dem nicht so ist, brauchen wir hier nicht zu betonen. Die Frau hat ihre Art und Weise, stark zu sein. Was für sie gilt, ist jedoch nicht so sehr Muskelkraft. Im Umgang mit den Kindern, von der Schwangerschaft über die Übergangskrisen bis hin zur lebenslangen Begleitung, im Fertigwerden mit den vielfältigen Herausforderungen des Hauses und vor allem in der Fähigkeit, Schmerz und Leid zu ertragen und Hindernisse zu überwinden, legt die Frau eine Stärke und eine Beständigkeit an den Tag, von denen sich der Mann nur eine Scheibe abschneiden kann. In mancherlei Hinsicht ist die Frau das starke und der Mann das schwache Geschlecht.

Der Vorwurf, Schwarze seien faul, ist nicht nur eine Lüge, sondern eine Beleidigung. Nahezu alles, was in Sklavenhaltergesellschaften wie Brasilien und Kolumbien, in der Karibik wie in den Südstaaten der USA geschaffen wurde, ist das Werk schwarzer Sklavenhände. An vielen Stellen ließen es die Schwarzen auch nicht an Achtsamkeit fehlen, obgleich sie als »Stücke« – so die Redeweise der Sklavenhändler – behandelt und als Treibstoff für die Produktionsmaschine verheizt wurden. Möglicherweise sind gerade die Schwarzen die Gruppe der Bevölkerung, die sowohl die brasilianische als auch die nordamerikanische Kultur am meisten mit bestimmten Werten bereichert hat. Man denke zum Beispiel an Küche und Musik, an die Sprache und an die Herzlichkeit in den menschlichen Beziehungen, an die Erdverbundenheit und an den Mystizismus. Obwohl Sklaven, waren diese gleichwohl Träger der Zivilisation.

Für andere bedeutet Mythos nichts weiter als Phantasie oder eine verzerrte Sicht von den Dingen. So sind zum Beispiel die vielgepriesenen positiven Wirkungen von künstlichen Süßstoffen auf den Organismus für manche auch ernstzunehmende Ernährungswissenschaftler barer Mythos, der nichts zu tun habe mit der Wirklichkeit. Enthielten die betreffenden Mittel einerseits zwar keine Kalorien, beschleunigten sie andererseits aber den Abnutzungsprozeß der Nervenzellen und führten möglicherweise gar zu Sklerose. Einige Leute sagen auch, jemand neige zur Mythomanie, insofern er bzw. sie den Hang habe, »Mythen« zu erfinden, fingierte Ereignisse oder Faktoides zu erzählen und sonderbare Darstellungen von den Dingen in die Welt zu setzen.

Wir lassen derartige Interpretationen auf sich beruhen. Sie helfen uns nicht weiter im Bemühen, das Phänomen zu verstehen, das uns hier beschäftigt. Einige moderne Wissenschaftler kritisieren deshalb auch derartige Definitionen von Mythos. Mythos hat für sie nämlich inzwischen eine positive Sinngebung. Das gilt vor allem für den Bereich von Philosophie, Anthropologie, Tiefenpsychologie und moderner Theologie.

So vertritt zum Beispiel die psychoanalytische Schule in der Folge Carl Gustav Jungs (1875–1961) die Position, jemand sei zum Mythos geworden, wenn er eine so intensive Biographie (eine so existentielle Vita oder Sage) gehabt habe, daß viele sich in ihr wiederfinden oder alte Ideale und Träume verwirklicht sehen. Die Rede ist dann vom Fußballmythos eines Pelé, vom Filmmythos eines Charlie Chaplin, vom Medienmythos einer Prinzessin Diana, vom ethisch-politischen Mythos eines Mahatma Gandhi, vom prophetisch-religiösen Mythos eines Dom Hélder Câmara oder Martin Luther King. Alle diese Personen sind zu mächtigen Symbolen geworden, mit anderen Worten: zu Mythen, welche kollektive Energien zu kristallisieren, die Menschen in ihrer ganzen Tiefe anzusprechen und Mengen zu mobilisieren vermögen.

Doch nicht genug damit. Die Anthropologie und die Philosophie der symbolischen Formen haben uns zu der Überzeugung gebracht, daß der Mythos eine von der Vernunft sich unterscheidende, aber selbständige Form des Denkens ausmacht. Sie hat die gleiche Existenzberechtigung wie jede andere auch. Im Gegensatz zur funktionalen Intelligenz läßt der Mythos die emotionale Intelligenz sprechen. Jene informiert über Objekte, zielt auf einen bestimmten Zweck ab, muß rechnerisch stimmen und geht instrumental vor. Die funktionale Intelligenz ist die Waffe in der Hand von Wissenschaft und Technik, und ohne sie kann das Leben in seinen täglichen Abläufen überhaupt nicht funktionieren. Die emotionale Intelligenz dagegen greift zu Bildern, Symbolen, Vergleichen, Erzählungen und Mythen, und mit deren Hilfe weckt sie ganz tiefe Gefühle und bringt zum Ausdruck, was dem Menschen Sinn und Wert bedeutet. Sie rührt ans Herz und läßt Gefühle anklingen. Dichter, Religionsstifter und geistliche Lehrer wie Jesus, Jesaja, Mohammed, Buddha, der sufistische Mystiker Rumi, Papst Johannes XXIII., der Dalai Lama und andere lassen die emotionale Vernunft sprechen. Und genauso gehen auch die modernen Medien vor, vor allem wenn es um Werbung und Marketingstrategien geht.

Normalerweise teilt sich ein Mythos mit durch Erzählungen, die geladen sind von beeindruckenden Symbolen und mächtigen Bildern, von Göttern und Göttinnen, von Konflikten zwischen Himmel und Erde. Sie alle sollen echte Situationen und wahre Geschichten zum Ausdruck bringen, voller Dramatik und Bedeutung, so wie die Menschheit sie schon immer erlebt hat. Aber sie können auch erklären wollen, wie etwas entstanden ist, das für eine bestimmte Gruppe von Menschen eine besondere Bedeutung und einen spezifischen Wert hat, wie der Name eines Ortes etwa, die Wichtigkeit eines Tieres oder Berges oder die Verbindlichkeit einer bestimmten Verhaltensweise. Doch immer vermittelt der Mythos Vorstellungen des kollektiven Bewußtseins, die von Generation zu Generation weitergegeben werden.

Von Joseph Campbell, einem Fachmann in Sachen Mythos, stammt die treffende Formulierung: »Träume sind private Mythen, Mythen sind sozialisierte Träume«. Und nicht ohne Grund verstand Carl Gustav Jung, der Gründer der Tiefenpsychologie, Mythen als Bewußtwerdung von Archetypen* des kollektiven Unbewußten. Man kann auch sagen: Mythen sind die an die bebilderte Oberfläche gelangte Seite von großen Erfahrungen, Träumen und Ängsten (Archetypen), die sich die Menschheit im langen Prozeß ihrer Individualisierung historisch erarbeitet hat. Mythen tauchen auf im Bewußtsein einzelner Menschen wie ganzer Menschengruppen. Sie kennen Metamorphosen, die verborgene Möglichkeiten entfalten und zu geschichtlicher Aktualität gelangen lassen. Sie helfen zu begreifen, warum bestimmte Erfahrungen universal sind, und lassen erahnen, was für Reisen hin und her, auf und ab die Menschheit bei der Bewältigung ihres großen Abenteuers zu unternehmen hat.

2. BEISPIELE FÜR MYTHOS BZW. FABEL

Unsere bisher theoretischen Überlegungen möchten wir nun erhärten mit zwei konkreten Beispielen für den Mythos, so wie wir ihn oben erläutert haben. Das erste stammt aus dem griechischen Raum, das zweite verdanken wir Urvölkern des brasilianischen Regenwaldes.

Bekannt ist der griechische Mythos vom Eros, dem Gott der Liebe. Wer würde daran zweifeln, daß die Liebe die Urkraft des Weltalls ist? Dem Mythos nach ist die Liebe früher sowohl als der Himmel wie auch als die Erde. In seiner ältesten Version sagt der Mythos, der Eros stamme vom Chaos* und von der Nacht ab, das heißt von etwas, das allem anderen vorausgeht und ursprünglicher als alles andere ist. Demnach habe die Nacht ein befruchtetes Ei gelegt. Daraus sei dann der Eros, mit anderen Worten: die Liebe, hervorgegangen. Aus der einen Hälfte der Eierschale sei der Himmel (Uranos) und aus der anderen die Erde (Gaia) geboren worden. Kraft des Eros hätten sich Himmel und Erde ineinander verliebt, sich miteinander verbunden und den verschiedenen in der Welt existierenden Dingen das Dasein geschenkt. Aber auch ihrerseits fühlten sich all diese Dinge gegenseitig angezogen, fingen an, sich zu lieben, und seien schließlich in Liebe verbunden. So ist der Eros zum einen Urheber der Vielfalt (Himmel und Erde und alles, was im einen wie auf der anderen existiert) wie zugleich auch der Einheit aller Dinge (denn alles – ob Menschen, ob Dinge – fühlt sich gegenseitig angezogen).

Großartig ist auch der Tupí-Mythos von der Maniok[5]-Wurzel, von der sich bekanntlich viele Nationen indianischer Ureinwohner im brasilianischen Regenwald hauptsächlich ernähren. Darin heißt es, ein Häuptling habe eines Tages eine wunderschöne Enkeltochter bekommen. Mit einer Haut, weißer als die weißeste Wolke. Mandi[6] habe man das Kind genannt. Doch als die

[5] Zum Verständnis des Mythos ist wichtig zu wissen, daß *Maniok* im Portugiesischen als Lehnwort aus der Tupí-Sprache *mandioca* heißt.

[6] Vgl. den Namen des Kindes *Mandi* mit der Bezeichnung der Maniokwurzel im tupí-portugiesisch-sprachigen Original *mandioca*.

Leute gesehen hätten, wie weiß das kleine Mädchen war, habe Angst und Schrecken alle gepackt. Die Blicke der Anwesenden hätten sich getroffen, und alle Stammesmitglieder hätten das Braungoldene ihrer Haut mit dem Weiß der hübschen Kleinen verglichen. Ob die Hautfarbe des Mädchens nicht ein Vorzeichen für etwas Böses sei? Unumwunden habe man also den Häuptling gebeten, seine Enkeltochter verschwinden zu lassen. Doch der Alte, voller Liebe und Mitleid, habe die grausame Tat, zu der man ihn drängte, tagelang vor sich hergeschoben. Eines Tages jedoch habe er in aller Herrgottsfrühe, in der Stille des anbrechenden Morgens, die Kleine zum Fluß getragen und dort gewaschen. Als dann die Sonne hoch am Himmel stand, habe er den ganzen Stamm zusammengerufen und in entschiedenem Ton, der keinen Widerspruch zuließ, den Leuten gesagt: Die Geister hätten befohlen, Mandi am Leben zu lassen, und alle Mitglieder des Stammes sollten sie gut behandeln. Was sei den Anwesenden, auch wenn sie nicht frei von Zweifel waren, übrig geblieben, als sich zu schicken? Im Laufe der Zeit sei Mandi herangewachsen und solch ein hübsches Kind geworden, daß alle das böse Omen vergessen und sich an ihr begeistert hätten. Der Häuptling habe in Stolz und Glück geschwelgt. Doch völlig unerwartet sei Mandi gestorben. Darum wissend, wie ihr Großvater, der Häuptling, Mandi liebte, hätten die Eltern die Leiche des Kindes in ihrer Hütte begraben. Der Alte sei ganz untröstlich gewesen, habe sich in seinem Schmerz völlig verschlossen und sei beinahe in Tränen zerflossen. Tag und Nacht habe er über dem Grab seiner geliebten Mandi geweint. So viele Tränen habe er vergossen, daß aus der Erde der Grabstätte eine kleine Pflanze gesprossen sei. Die Vögel seien gekommen, hätten an den Blättern gepickt und seien wie berauscht gewesen. Eines Tages jedoch habe sich die Erde geöffnet, und vor den Augen der staunenden Betrachter hätten die schönen Wurzeln der Pflanze gelegen, getränkt von den Tränen des Großvaters. Die Indianer hätten sie eingesammelt und sofort entdeckt, daß sie ebenso weiß waren wie die Haut der kleinen Mandi. Als sie sie dann gegessen hätten, hätten sie köstlich geschmeckt. So also sei die Maniok-Wurzel zur Hauptnahrung der Tupí-Indianer geworden. Der Name, den sie der Wurzel dann gegeben hätten: *Maniok*, heiße so viel wie: *Körper der Mandi*.

Die beiden Beispiele zeigen, daß Mythen Werte mit solch einer Ausstrahlung weitergeben, wie sie sich durch Begriffe nicht in angemessener Weise vermitteln lassen. Deshalb entwickeln die Menschen Geschichten. Geschichten aber sind Erzählungen voller Emotionen, Symbole und Bilder, die, wie in den geschilderten Fällen, das Geheimnis der Liebe bzw. die Bedeutung der Maniokwurzel für die Ernährung unserer indianischen Urvölker begründen wollen. Das ist der Reichtum des Mythos. Jeder Mensch ist umgeben von großen Mythen. Woher sollte er denn sonst die Begründung nehmen zu solch grundlegenden Dingen wie Liebe und Nahrung?

Ähnlich verhält es sich mit Sorge und Achtsamkeit. Beides sind so wichtige Dinge für das menschliche Leben und für die Erhaltung jeglicher Art von Leben, daß eine mythologische Fabel darum entstand. So wurde die Sorge personifiziert und nahm die Konturen einer greifbaren Gestalt an. Als solche modelliert ›Sorge‹ den Ton und unterhält sich mit Himmel (Jupiter) und Erde (Tellus). Am Ende appelliert sie an die höchste Instanz, an den Gott Himmels und der Erde, der das goldene Zeitalter und die absolute Utopie des Menschen herbeiführt (Saturn). Die mythologische Fabel von der Sorge, wie sie Hyginus redigiert hat, will die Rolle der Sorge und des Sich-Kümmerns für das menschliche Leben schildern. An ihrem Entstehen haben die wichtigsten Universalkräfte mitgewirkt: Himmel (Jupiter), Erde (Tellus), Geschichte und Utopie (Saturn).

Weiterhin läßt die Fabel eine Erfahrung anklingen, die in vielen Kulturen des Westens wie des Ostens belegt ist: daß der Mensch aus dem Lehm der Erde, aus Humus, gemacht ist, wobei *Humus* soviel wie fruchtbarer Erdboden bedeutet. Von *Humus* leitet der Mensch folglich seinen Namen ab: *Homo*, was soviel heißt wie Sohn bzw. Tochter der fruchtbaren Erde (*humus*). Auch das ist die Botschaft der hyginischen Fabel. Ähnliches lesen wir in den beiden ersten Kapiteln des biblischen Buches Genesis (1 Mose): Adam wird aus dem Lehm der Erde gemacht. Das hebräische Wort für Erdboden lautet *adamah*. Von *adamah* kommt *Adam*, was mithin am besten mit Erdling, mit Sohn bzw. Tochter der Erde, verdeutscht werden kann.

Schließlich will die mythologische Fabel zu erkennen geben, daß der Mensch nicht allein als Wesen aus der Erde (Tellus) betrachtet werden kann. Er hat auch etwas vom Himmel, etwas Göttliches (Jupiter). Aus diesem Grund heißt es in der Geschichte, der Lehmklumpen sei nicht leblos gelieben, sondern habe von der Gottheit das Lebensprinzip, den Geist, geschenkt bekommen. Erst damit sei der Mensch zu etwas wirklich Vollständigem geworden. Erst dadurch, daß Jupiter, immerhin die höchste Gottheit, ihm Spiritualität eingeflößt habe. Bleibt die Frage: Wer ist Jupiter? Wer ist Tellus?

3. DIE DIMENSION DES HIMMELS: JUPITER

Jupiter ist die zentrale Gottheit der römischen Religion. Jupiter ist der Gott, der Himmel und Erde, Götter und Menschen geschaffen hat. Vielleicht hilft uns die Etymologie des Wortes Jupiter, die Erfahrung zu erhellen, die sich hinter dem Namen verbirgt. Im Wort Ju-piter steckt zum einen das Element *jou*, das aus dem Sanskrit *diew* stammt und soviel heißt wie Licht, Glanz, Helligkeit. Das zweite Element *piter* entspricht natürlich *pater* und bedeutet im Deutschen Vater. Jupiter ist damit zu übersetzen als Vater und Herr des Lichtes. Aus der Wurzel *diew* im Sanskrit bzw. *dheguh* im Indogermanischen, die vielen Sprachen wie der griechischen und lateinischen, der keltischen und litauischen, aber auch den germanischen Idiomen zugrundeliegt, entwickelten sich dann *Deus* (Gott) und *dies* (Tag). Auch das deutsche Wort Tag, so nimmt man an, geht auf diese Wurzel zurück und will dann soviel sagen wie die helle Zeit. Im Horizont dieser Erfahrung hat Gott es mit der Erfahrung von Licht zu tun. Das Licht mit seinem Glanz und seiner Wärme bildet eine der Quellerfahrungen der Psyche. Licht verkörpert Sinn und Freude zu leben, in der Menge das Gesicht eines geliebten Menschen zu erkennen, den Glanz der Natur und der Sterne wahrzunehmen, den Weg, den es zu gehen gilt, auszumachen und frei zu werden von der Angst vor Dunkelheit und Irrwegen. Jemandem einen »Guten Tag« wünschen hat dann ursprünglich geheißen: jemandem einen guten Gott und viel Licht auf seinem Weg wünschen. Die Frage liegt allerdings auf der Hand, wer sich dieses sakralen Zusammenhangs wohl noch erinnert, wenn er jemandem das übliche »Guten Tag« zuruft.

In ihrer religiösen Wahrnehmung erlebten die Römer Jupiter als Glanz des Tages und Schein der Sonne ebenso wie im Blitz eines Gewitters und im Donnerrollen eines Unwetters. In diesem Zusammenhang kam es zur Identifizierung Jupiters mit Zeus, dem höchsten Gott des griechischen Pantheons, der dieselbe Bedeutung hatte. Auch der Name Zeus leitet sich von *diew pitar* oder *diaus pitar* im Sanskrit ab und heißt Vater des hellen Himmels oder Herr des sonnenerfüllten Tages.

Was nun aber in entscheidendem Maße vom Licht der Sonne und von atmosphärischen Gegebenheiten wie Kälte und Wärme, Regen und Wind abhängt, ist die Landwirtschaft. So kam es, daß Jupiter als Schutzpatron und Förderer der Landwirtschaft verehrt wurde. Da aber damals wie heute die Landwirtschaft die Nahrung für die Menschen liefert, stand Jupiter auch in Verbindung mit Produktion und Reproduktion des Geheimnisses des Lebens. Auf diese Weise wurde er zur zentralen Gestalt des Götterhimmels.

Da also Jupiter den höchsten Gott darstellte, begaben sich die römischen Kaiser unter seinen Schutz. Einige erhoben gar den Anspruch, seine Macht, sein Recht und seine Gerechtigkeit zu verkörpern. Andere, wie Augustus (63 v. Chr. – 14 n. Chr.) und ironischerweise Nero (37–68 n. Chr.), verstanden sich als Fleischwerdung des Gottes Jupiter.

In unserer mythologischen Fabel tritt Jupiter als Schöpfer und Schenker von Leben und Geist auf den Plan. Er stellt die Fülle der Gottheit dar, das heißt die transzendente Dimension der Dinge.

4. DIE DIMENSION DER ERDE: TELLUS

Eine ganz besondere Rolle spielt in der mythologischen Fabel des Hyginus die Göttin Tellus bzw. Erde. Wie in allen Kulturen, so stellt auch in der griechisch-römischen Überlieferung die Erde eine der zentralen Mythen dar. Der Namen indes hat sie viele: Gaia / Tellus, Demeter / Ceres, Hestia / Vesta. Dazu im folgenden einige Anmerkungen.

Zunächst einmal müssen wir darauf hinweisen, daß die ältesten Dokumente aus der Altsteinzeit, das heißt von vor mehr als vierzigtausend Jahren, als die Gesellschaftsform das Matriarchat* war, das Weltall als große Mutter darstellen, als *Mater Mundi*. Aus eigener Kraft und ohne das Dazutun von irgendeiner Seite hatte die große Mutter alles ins Dasein gesetzt: die Himmel und die Götter, die Menschen und alles, was die Natur zu bieten hat. Das Haupt dieses lebendigen Organismus war der sternenbedeckte Himmel und der Oberkörper die Erde mitsamt dem menschlichen Leben, während sich im unteren Teil der »After der Welt« (*anus mundi*) befand, der Ort der Hölle.

Später, in der Jungsteinzeit, vor zehntausend Jahren vielleicht, als das Patriarchat* obsiegt hatte, setzt sich eine verkürzte Sicht der Dinge durch. Die Erde wird nicht mehr als das Gesamt verstanden. Die Erde ist nur mehr ein Teil der Wirklichkeit, neben einer anderen Realität, neben dem Himmel. Die Erde stellt die Große Mutter (*Magna Mater, Bona Mater*) dar, hier unten. Sie ist die Gattin des Großen Vaters, dort oben. Vergleichbar jeder menschlichen Mutter, bringt sie das Leben zur Welt, nährt es und beschützt es unentwegt. Immer steht sie dem anderen Teil des Ganzen, dem Vater des Himmels

(*Pater Caelorum*), gegenüber und fügt sich mit ihm zu einer Gesamtwirklichkeit zusammen. Aus der ehelichen Verbindung zwischen Himmel und Erde werden alle Dinge geboren. Dabei steht der Himmel für das männliche Prinzip, für den Samen, für das impulsgebende Element. Dagegen bildet die Erde das weibliche Prinzip, den Mutterschoß, der den Samen empfängt. Auch wenn die Erde das aufnehmende Element ist, so sind doch beide, wenn auch jedes auf seine Weise, aktive Prinzipien.

In der griechisch-römischen Vorstellungswelt, die ja der westlichen Kultur insgesamt zugrundeliegt, hängt das Geheimnis der Erde an drei mythologischen Gestalten. In der griechischen Ausprägung sind das Gaia, Demeter und Hestia. Diesen entsprechen auf der römischen Seite Tellus, Ceres und Vesta. Auch was wir als moderne Menschen an Erfahrungen machen, hat noch immer mit diesen Größen zu tun.

Gaia-Tellus (oder auch Gäa; Verbindung aus *Ge* = Erde und *aia* = *groß*), die Große Mutter, stellte den Planeten Erde dar, als ein lebendiges Ganzes und als Quelle des Lebens.

Demeter-Ceres benannte den kultivierten Teil der Erde. Hier kommt es also auf den Einsatz des Menschen an, auf menschliche Arbeit und Kultivierungskunst. Demeter war die Göttin des Saatgutes und der Aussaat. Der Name Ceres hallt noch wider in dem Wort *cereal*, mit dem im Portugiesischen wie in anderen Sprachen das Getreide bezeichnet wird.

Hestia-Vesta umschrieb schließlich jenen Teil der Erde, den sich die Menschen reservierten und abgrenzten, um sich darauf ihr Heim zu bauen. Im Mittelpunkt jedes römischen Hauses brannte Tag und Nacht ein

Feuer, das als Zeichen für die Anwesenheit Vestas verstanden wurde und sagen sollte: In diesem Haus herrschen Leben, Wärme und Gastfreundschaft.

Gaia-Tellus, Demeter-Ceres und Hestia-Vesta markierten für Griechen und Römer die affektiven Bezugspunkte, mittels deren sie ihre Ökologie entwarfen, oder anders gesagt: ihre ehrfurchtsvolle Verbundenheit mit der Umwelt. Für antike Menschen gebot alles Achtung und Verehrung, sahen sie in den Dingen doch keine leblosen Objekte, sondern Gegenstände voller Ausstrahlung und Bedeutung. Die Erde, ob als Große Mutter oder als bestelltes Land oder als Grundstück für das eigene Heim, galt ihnen als lebendiger Organismus. Wie hätte man so etwas vergewaltigen oder verkommen lassen können? Und hätte man es dennoch getan, hätte sich die Erde gerächt mit ihren Waffen: mit Unwettern und Blitzeinschlägen, mit Dürreperioden und Brandkatastrophen, mit Erdbeben und Vulkanausbrüchen.

In der Begegnung mit Mutter Erde spürte sich der antike Mensch in einem Verhältnis von Ehrfurcht und Schrecken. Gott sei Dank ist der Menschheit dieses Gefühl nie ganz abhanden gekommen. Immer gab es Geister, die eine Einfühlung hatten für Magie und Zauber der Natur, und zwar auch noch in Zeiten moderner Wissenschaft und Technik, welche der Welt den Mantel der Sakralität entrissen und gerade noch als Rohstofflager begriffen, das es mit Hilfe der Technologie auszubeuten galt. In jüngster Zeit bekommt dieses Gefühl dank den sogenannten Geowissenschaften wieder Auftrieb. Diese – auch als Erdwissenschaften bezeichnet – lassen zunehmend wieder die Wahrnehmung aufkommen, als Gaia* sei die Erde ein lebendiger Superorganismus mit einer ausgeklügelten Struktur und einem subtilen Gleichgewicht, das jedoch jederzeit zu zerbrechen drohe und ständig wiederhergestellt werden müsse. Vordenker dieser sogenannten Gaiatheorie ist ein wissenschaftlicher Mitarbeiter bei der NASA, James Lovelock. Auf der Grundlage wissenschaftlich-empirischer Daten macht Lovelock den Vorschlag (der in Wirklichkeit jedoch alles andere als neu ist), die Erde als einen lebendigen Organismus zu betrachten. Mit seiner Theorie will er, wie auch andere, dasselbe zum Ausdruck bringen, was bereits frühere Völker auf dem Weg von Intuition und Gemeinschaftserlebnis mit ihren Mythen transportieren wollten: Die Erde ist etwas Lebendiges und bringt die verschiedensten Formen von Leben hervor.

In seiner mythologischen Fabel beschreibt uns Hyginus* die Erde als etwas, das ein ehrfurchtgebietendes Alter hat. Sie hat ›Sorge‹ das Material zur Verfügung gestellt, aus dem sie den Menschen formen konnte: Lehm. Die Göttin Erde-Tellus stellt die irdische Dimension der Dinge dar, die immanente Perspektive der Wirklichkeit.

5. DIE DIMENSION VON GESCHICHTE UND UTOPIE: SATURN

Um mit ihrem Konflikt fertigzuwerden, rufen der Himmel (Jupiter) und die Erde (Tellus) Saturn zur Hilfe. Doch wer ist Saturn? Und warum nehmen sie ausgerechnet zu Saturn Zuflucht und nicht zu einem anderen Gott? Ist denn nicht Jupiter der höchste Gott? Offensichtlich steht Saturn noch über Jupiter, denn er soll ja vermitteln in dem Streit, in den Jupiter verwickelt ist. Und dem ist in der Tat so, wie wir gleich sehen werden.

Der Saturnmythos ist eine der kompliziertesten Geschichten der antiken Mythologie. Allem Anschein nach ist er ein wahrer Synkretismus, in dem sich zahlreiche mythologische Schichten italischer, etruskischer, griechischer, orphisch-pythagoreischer und römischer Herkunft überlagern. Doch die Komplexität ist nur ein Hinweis darauf, welch entscheidenden Beitrag die Erzählung dazu leistet, das menschliche Leben zu begreifen. Allerdings können wir an dieser Stelle nur die Aspekte erörtern, die im Zusammenhang mit der mythologischen Fabel des Hyginus* wichtig sind.

Ein erstes Indiz auf die ursprüngliche Bedeutung liefert allein schon der Name Saturn. Saturn kommt von *satus*, was soviel wie *gesät* heißt. *Satus* ist das Partizip im Perfekt des Passivs des Verbums *serere*, das mit *säen*, *pflanzen* zu übersetzen ist. Saturn ist folglich der Gott des Saatguts und der Aussaat wie der Landwirtschaft insgesamt. So ist Saturn als eine typisch italische, mittelmeerische Gottheit anzusehen, der das größte römische Fest überhaupt gilt: die *Saturnalien* um den 17. Dezember. Während der Tage brach regelrecht der Karneval aus. Alles stand still oder war geschlossen: Arbeit und Schule, Gerichtswesen und Strafvollzug. Was das ganze Jahr über verboten war, durfte während der Tage der Saturnalien passieren. Auch die üblichen Rollen wurden umgedreht: Sklaven kleideten sich wie Herren, und die Herren hatten die Sklaven zu bedienen. Gelage fanden an allen Ecken statt. Unter der Regie von *Prinz Saturnalien* (*princeps saturnalicius*), der jedes Jahr neu gewählt wurde, bewegten sich tanzend und singend wahre Karnevalszüge durch die Straßen.

Das Ganze war so etwas wie die Vorwegnahme der

großen politischen Utopie der Menschheit: Begegnung – mittels Fest und kollektivem Unbewußten – mit dem Mythos vom goldenen Zeitalter und vom verlorenen Paradies. Demnach gab es anfänglich weder Klasse noch Gesetz, weder Verbrechen noch Gefängnis; alle lebten in uneingeschränkter Freiheit, in Gerechtigkeit und Frieden, in Fülle und Freude wie Brüder und Schwestern einer Familie. Erfreulicherweise ist diese selige Erinnerung im Bewußtsein der Menschheit bis auf den heutigen Tag nie abgebrochen. Mal projizieren die Menschen sie in die Vergangenheit und meinen, sie wiederbeleben zu müssen, das andere Mal extrapolieren sie sie in die Zukunft und wollen erst noch an ihr arbeiten. Solche Utopien mobilisieren Bewegungen, schaffen Ideologien und regen die Phantasie an, so daß Männer wie Frauen nicht müde werden, von einer versöhnten, integrierten Zukunft der menschlichen Gesellschaft zu träumen. Keine Gesellschaft und kein Mensch können ohne Utopie leben. Andernfalls gerieten sie in die Klauen schäbiger Machtinhaber, die sich ihrer in ihrem eigenen Sinn bedienen und von Wohlstand für alle nichts wissen wollen. Der Gott Saturn stand für alle diese Werte. An seinem Fest wurden sie allesamt gefeiert und mittels der Erinnerung an das goldene Zeitalter in die Gegenwart geholt. Wo heute Karneval gefeiert wird, mit Sicherheit läßt sich das von Brasilien sagen, leben Menschen noch aus dieser uralten Erinnerung.

Aufgrund dieser Festivitäten schlüpfte der römische Gott Saturn dann auch in das Gewand des griechischen Gottes Kronos. Kronos war der antike Gott der Urgesellschaft, der Gott der Utopie vom glücklichen Zusammenleben der Menschen. Auch zu Ehren des Gottes Kronos wurden Feste gefeiert, und auch diese hatten denselben Sinn wie die Saturnalien. Sie sollten die Erinnerung an das goldene Zeitalter wachhalten, an Freiheit und geschwisterliche Gleichheit und an die Umkehrung aller Stände. Was in Rom Saturnalien hieß, hieß in griechischer Tradition *Kronia*. Kronos bzw. Saturn war der früheste Gott, noch älter als Jupiter. Er war der König der Götter, Herr des Himmels und der Erde. Kronos herrschte über die Insel der Seligen. Dort, wie der Name schon sagt, lebten die Menschen in Seligkeit und Frieden, in Gerechtigkeit, Heiterkeit und Fülle. Es war dies das goldene Zeitalter, in dem in den Flüssen Milch und Nektar flossen und die Erde ihre Früchte hervorbrachte ohne Arbeit und Schweiß von seiten der Bauern. Der römische Dichter Ovid (43 v. Chr. – 17 n. Chr.) besingt das goldene Zeitalter als »ewigen Frühling, in dem die Winde mit ihrem milden Hauch die Blumen liebkosen, gedeihen, ohne eines Samens zu bedürfen«.

Der Mythos vom goldenen Zeitalter unter der Leitung von Kronos bzw. Saturn malt die größte Utopie aus, die Männer und Frauen überhaupt kennen: das Ideal der gesellschaftlich integrierten Menschheit. Plato bedient sich seiner bei der Darstellung von Politik und Gesetzesordnung. Allein höhere, göttliche Wesen wie Kronos bzw. Saturn, dachte der Philosoph, seien imstande, alle Art von Despotismus, wie er bei menschlichen Machtinhabern anscheinend unumgänglich sei, zu vermeiden und der Menschengattung das Glück zu bringen. Kronos-Saturn ist der Archetyp* des weisen Regierenden, des gerechten Gesetzgebers und des hochherzigen Königs.

Nach Kronos-Saturn kam die Spaltung zwischen den

Göttern und Göttinnen im Himmel und den Menschen auf der Erde. Die gesellschaftliche Ordnung wurde in Hierarchien gestaffelt, Klassen entstanden, der Kampf um die Macht brach aus, und die Geschichte wurde zerrissen in Zeiten des Friedens und Zeiten des Krieges. Aus dem goldenen Zeitalter wurde das Zeitalter des Eisens und der Bronze.

Das hohe Alter, das Saturn-Kronos hat, weist ihm einen Platz außerhalb jeder Konkurrenz mit Jupiter-Zeus an. Dank diesem Titel als alter, weiser, gerechter Gott der Zeit und der Utopie, dessen Reich jenseits jedes Konfliktes angesiedelt ist und seinen Ort im goldenen Zeitalter hat, wird er angerufen, um den Streit zwischen der Erde (Tellus) und dem Himmel (Jupiter) zu schlichten und die Frage zu entscheiden, wie denn der Mensch heißen solle.

Möglicherweise hallt noch ein anderes Element in der mythologischen Fabel von der wesenhaften Sorge wider: die Gleichsetzung Saturns bzw. Kronos' mit der Zeit. In der Tat: Kronos in der etwas abgewandelten Schreibweise als *Chronos* heißt im Griechischen Zeit. Die Ähnlichkeit der beiden Schriftbilder führte dazu, daß man den Gott Kronos zum Gott der Zeit machte. Auch Saturn – wie gesagt: im Gewand des Kronos – symbolisiert fortan die Zeit. Der Gott Kronos-Saturn spielt mithin die Rolle, die auch die Zeit spielt: Sie schafft alles, sie erntet alles, sie verschlingt alles. Der Zeit ist alles unterworfen. Die Zeit ist der Souverän über das Schicksal des Menschen. Anders ausgedrückt: Der Mensch steckt in den Fängen der Zeit, er ist geworfen in die Dauer der Zeit, und er ist ein zeitbedingtes Wesen mit Vergangenheit, Gegenwart und Zukunft. Seine Identität baut sich der Mensch im Laufe der Zeit erst auf, beflügelt von einer Utopie der Integration, des goldenen Zeitalters.

Der Mensch ist zugleich ein utopisches und ein geschichtlich-zeitliches Wesen. Er trägt eine saturnhafte Dimension in sich. Daneben jedoch verspürt er auch einen Impuls in Richtung Himmel, in Richtung Transzendenz in sich, die Lust, wie ein Adler zu fliegen (Jupiter). Ebenso macht sich in ihm aber auch die Last der Erde bemerkbar, der Immanenz, der Hang, wie ein Huhn im Hühnerstall den Boden zu scharren (Tellus). Mit Hilfe von Sorge und Achtsamkeit bringt er die beiden Pole zusammen und macht aus ihnen Baumaterialien zur Errichtung seiner Existenz in Welt und Geschichte. Aus diesem Grund ist die Sorge wesenhafte Sorge. Darauf wollen wir im nächsten Kapitel eingehen.

VI. DIMENSIONEN VON ACHTSAMKEIT

Nach dem Überblick über das, was sich mit einiger Sicherheit zu den Gestalten unserer mythologischen Fabel sagen läßt und was sie vermitteln, haben wir nun danach zu fragen, was sie – wie Heidegger sagen würde – existential beinhalten. Was verbirgt sich im Hinblick auf Lebens- und Sinnerfahrung hinter den drei Gestalten Jupiter, Erde und Saturn?

Was wir zuvor schon summarisch hatten anklingen lassen, wollen wir im folgenden etwas eingehender betrachten: Keines der drei ist ein selbständiges Wesen, das in sich subsistierte und mit uns nichts zu tun hätte. Alle drei sind vielmehr nichts weiter als eine Metapher für Tiefendimensionen des Menschlichen, die in einer rein begrifflichen Sprache kaum zum Ausdruck gebracht werden könnten.

Man kann sie auch energiegeladene, spirituelle Zentren oder samenhafte Archetypen* nennen, die dem Leben in seiner geschichtlich-gesellschaftlichen Ausprägung Struktur geben.

Andere sehen in ihnen lieber privilegierte Konzentrationen des univeralen Geistes. Dieser erfülle das All mit Vernunft und Entwürfen und mache uns Menschen zu Organen seiner Manifestation und Kommunikation in der Zeit.

Wie dem auch sei, von vornherein soll kein Zweifel daran aufkommen, daß all die spirituellen Energien, all die Verdichtungen der menschlichen Tiefe und all die uralten Archetypen*, mögen sie noch so metaphorisch zu verstehen sein, nie als abgehoben betrachtet werden dürfen von geschichtlichen und sozialen Inhalten. Keines davon ist reine Projektion unserer Phantasie, ohne Wurzeln in der Wirklichkeit. Keines davon ist pure mentale Matrix, wie einige Vertreter der psychoanalytischen Schule sie zu interpretieren versuchen. In Wahrheit sind sie das eine und das andere. Alle diese Dinge wurzeln in uralten gemeinsamen soziopolitischen Erfahrungen der Menschheit. Dort haben sie sich gebildet und strukturiert. Abgelagert aber haben sie sich im kollektiven Unbewußten, kraft dessen sie leben. Umgekehrt aktualisieren sie sich ständig, insofern sie sich ununterbrochen mit neuen geschichtlichen Realitäten auseinanderzusetzen haben. Sie bilden Synthesen zwischen äußerer (bezogene Objektivität) und innerer Archeologie (rückgebundene Subjektivität). So erklärt sich, wie wichtig sie gerade heute sind für die Interpretation sowohl dessen, was uns umgibt, als auch für die Kritik daran.

Konkret und nicht nur im übertragenen Sinn gesprochen: Was wollen wir sagen, wenn wir uns auf Jupiter, auf die Erde und auf Saturn beziehen?

1. ERDE – MATERIELLE UND ERDHAFTE DIMENSION DER EXISTENZ

Zunächst also einige Überlegungen zum Thema Erde. Welche Kultur und welche Periode der Geschichte wir uns auch vornehmen, nirgends sehen wir einen Grund, daran zu zweifeln, daß wir zur Erde gehören, daß wir Söhne und Töchter der Erde sind, ja, daß wir Erde sind.

Homo (Mensch) kommt nun mal von *Humus*. Wir sind aus Erde und kehren zur Erde zurück. Die Erde steht uns nicht gegenüber, als wäre sie ein von uns abgegrenztes Gegenüber. Wir haben Erde in uns. Wir sind Erde, die in ihrer Evolution in uns zur Zustandsstufe von Gefühl, Verstand, Willen, Verantwortung und Verehrung gelangt ist. Mit einem Satz gesagt: Wir sind die Erde in ihrem Moment von Selbstverwirklichung und Selbstbewußtsein.

Ausgangspunkt unserer Reflexion ist also die Tatsache, daß es zwischen uns und der Erde keine Distanz gibt. Gemeinsam bilden wir ein und dieselbe komplexe, differenzierte und einheitliche Realität. Im selben Sinn äußerten sich auch verschiedene Astronauten, die als erste Menschen die Erde von außerhalb der Erde zu sehen bekamen. Geradezu emphatisch sagen sie: Ob wir das Bild vom Mond aus oder von unserem Raumschiff aus betrachten, jede Unterscheidung schwindet – zwischen Erde und Menschheit, zwischen Schwarzen und Weißen, zwischen Demokraten und Sozialisten, zwischen Reichen und Armen. Menschheit und Erde, zusammen bilden wir eine einzige herrliche, strahlende Größe, die zugleich ebenso zerbrechlich wie kraftvoll ist. Was diese Männer da zu sehen bekamen, ist wahrlich keine Illusion, sondern ist absolute Wahrheit.

In die Sprache der modernen Kosmologie* gekleidet, hieße das Ganze: Eingebunden in ein und dasselbe Netz von Bezügen aller Existenzen mit allen Existenzen, sind wir alle aus denselben Energien und physikalisch-chemischen Elementen; diese sind mittlerweile fünfzehn Milliarden Jahre am Werk, seitdem innerhalb einer unermeßlichen Instabilität (Urknall = Inflation und Explosion) das Universum entstand und bis dieses schließlich zu der Form gelangte, wie wir es heute kennen. In dem Maße, in dem wir die Geschichte des Weltalls und der Erde auch nur annäherungsweise kennenlernen, lernen wir auch etwas kennen von uns selbst und von unserer jahrmilliardenalten Vorgeschichte.

a. Das kosmische Theater

Das universale Theaterstück des Kosmos, an dem also auch wir mitgewirkt haben, gliedert sich in fünf große Akte.

Der erste Akt ist ein *kosmisches* Geschehen. Das Weltall bricht an und expandiert in einem langen Prozeß. In dem Rhythmus aber, in dem es expandiert, schafft es sich selbst und diversifiziert sich. Uns selbst gibt es in dieser Phase im Modus zahlloser Wahrscheinlichkeiten, die der Prozeß in sich trägt.

Darauf folgt der *chemische* Akt. Innerhalb der großen roten Sterne kommt es zu Verdichtungen, und bereits spätestens zehn Milliarden Jahre vor unserer Zeitrechnung bilden sich alle schweren Elemente, die sämtliche der heute existierenden Wesen ausmachen, wie unter anderem Sauerstoff, Kohlenstoff, Silizium und Stickstoff. Die Explosion verbreitet die Elemente allenthalben im ganzen Weltraum. Sie bilden Galaxien und Sterne, die Erde, die Planeten und die Satelliten, so wie wir sie auch in der gegenwärtigen Phase des Universums kennen. Heute zirkulieren alle diese chemischen Elemente überall in unserem Körper, im Blut wie im Gehirn.

Der dritte Akt ist *biologischer* Art. Aus der Materie, die immer komplexer wird und sich sozusagen in sich selbst einrollt, bricht in einem als *Autopoiesis** (Selbsterschaffung oder Selbstorganisierung*) bezeichneten

Prozeß vor 3,8 Milliarden Jahren das Leben in all seinen Formen hervor. Auch wenn das Leben in Zusammenbrüchen und Katastropen immer wieder dezimiert wird, geht es nie unter und kommt in seiner unbeschreiblichen Vielfalt bis zu uns.

An vierter Stelle wird der *menschliche* Akt inszeniert. Dieser ist ein Teilbereich der Geschichte des Lebens. Das Prinzip der Komplexität und der Selbsterschaffung findet im Menschen nahezu unbegrenzte Möglichkeiten der Expansion. Zuerst erblüht menschliches Leben vor ungefähr zehn Millionen Jahren in Afrika. Von dort aus breitet es sich über alle Erdteile aus und findet am Ende bis in die letzten Winkel der Erde. Es legt eine ungeheure Flexibilität an den Tag und paßt sich allen Ökosystemen* an, von den Eisöden an den Polen bis zu den Dürrewüsten in den Tropen, vom Erdboden und Erdinneren bis in die Luft, bis nach außerhalb unseres Planeten und – mittels des Raumschiffs – bis auf den Mond. Aber was die Spezies *Homo sapiens et demens* (der vernunftbegabte und zugleich unvernünftige Mensch) da als Triumph feiert, ist eine gefährliche Sache.

Und fünftens und letztens wird noch der *planetarische* Akt gespielt. Die über den ganzen Globus versprengte Menschheit kehrt ins gemeinsame Haus zurück, zum Planeten Erde. Sie entdeckt, daß sie die eine Menschheit bildet und darüber hinaus dieselbe Herkunft und dasselbe Ziel hat wie alle anderen Wesen und die Erde insgesamt. Sie versteht sich als der bewußte Geist der Erde, als ein kollektives Subjekt, über alle Einzelkulturen und alle Nationalstaaten hinweg. Dank den globusweiten Medien und der Interdependenz aller von allen läutet sie die planetarische Phase ein, eine neue Etappe ihrer Evolution. Fortan ist die Geschichte die Geschichte der Spezies *Homo* (Mensch), der geeinten Menschheit, in der alles mit allem und alle mit allen verbunden sind.

Zu verstehen ist der Erde-gewordene-Mensch allerdings erst dann, wenn wir ihn als eingebunden betrachten in den umfassenden Werdeprozeß des Alls. Dieser markiert nämlich den Rahmen, innerhalb dessen die materiellen Elemente ebenso wie die subtilsten Energien zusammenwirken, damit der Zu-Erde-werdende-Mensch allmählich heranreift und schließlich geboren werden kann.

Ohne Zweifel sind wir nicht der einzige lebendige Planet in unserer Milchstraße. Man nimmt an, daß es im Universum einige Millionen Planeten gibt, auf denen Leben und lebende Wesen existieren können. Mehr noch: Wahrscheinlich sind wir lediglich ein Universum neben unzähligen anderen Universen. Dann aber hätten wir es nicht mehr mit einem Universum, sondern mit einem Pluriversum zu tun. Wir wären gar nicht mehr allein.

Daß wir heute intelligente Wesen sind, ist nur möglich, weil bestimmte Bedingungen erfüllt waren, ohne welche wir gar nicht imstande wären, uns über derlei Dinge Gedanken zu machen. Auch daß zuvor schon Leben entstehen konnte, war nur möglich, weil bestimmte relativ schwere Elemente mitgespielt haben, wie Kohlenstoff, Sauerstoff, Stickstoff und Silizium. Aber diese Elemente befanden sich gar nicht in der Urbrühe, allenfalls potentiell. Allein leichte Materialien wie Wasserstoff und Helium gab es im Uruniversum. Alle übrigen mußten noch warten, Milliarden von Jahren, bis die großen roten Sterne entstanden, innerhalb deren sie sich dann bildeten. Trotzdem warteten nicht alle Planeten auf die schweren Elemente, die zum Entstehen von Leben nötig sind. So bestehen Jupiter, Saturn, Uranus und Neptun zum Beispiel im wesentlichen aus Wasserstoff und Helium und eignen sich mithin nicht für die Art von Leben, die wir kennen.

In diesem Zusammenhang weist die Erde einige überraschende Besonderheiten auf. So etwa wird sie von der Sonne weder zu schwach beschienen wie Mars noch zu stark wie Venus und Merkur. Sie ist der einzige Planet, der eine große Menge flüssigen Wassers aufweist. Der Grund dafür liegt darin, daß auf unserem Planeten eine vergleichsweise konstante Temperatur herrscht, daß sich die Erde in einem relativ gleichmäßigen Rhythmus entwickelt und daß sie insgesamt hinreichend stabil ist, so daß das Wasser flüssig bleiben kann und folglich ausgezeichnete Bedingungen für das Entstehen von komplexen, lebenden Wesen aufweist. Bewegte sich die Erde durch den Weltraum in einer Ellipse und brächte uns damit das eine Mal näher an die Sonne heran und entfernte uns das andere Mal mehr von ihr oder wäre sie Teil eines Doppelsterns, wäre Leben auf der Erde schwieriger oder, wer weiß, vielleicht sogar unmöglich.

Die Existenz von *Gaia** wie auch unser eigenes Leben hängen unbestritten von der Tatsache ab, daß wir zu einer Sonne mit mittlerer Lichtstärke gehören, die einhundertfünfzig Millionen Kilometer von der Erde entfernt und am Rande einer mittleren Milchstraßenspirale angesiedelt ist. Die vorfindliche Art von Biosphäre* wie auch die vorhandene biologische Struktur der Ökosysteme* können sich nur unter bestimmten Voraussetzungen entwickeln. Konkret heißt das, daß wir, ob als Erde, ob als menschliche Personen, auch wenn wir in einer lächerlichen Ecke unseres galaktischen und universalen Systems zu Hause sind, gleichwohl mit allem zu tun haben. Alles hat sich verschworen, damit wir ins Dasein und bis zu unserem gegenwärtigen Sosein kommen konnten.

b. Was heißt Erde-sein?

Was bedeutet – über die Tatsache hinaus, daß unsere Wurzeln als Menschen in Urzeiten haften – konkret unsere Dimension als Tellus, als Erde?

Zunächst einmal beinhaltet unsere erdhafte, tellurische Dimension, daß wir Elemente der Erde in unserem Körper tragen, im Blut und im Herzen, im Gemüt und im Geist. Daraus ergibt sich konsequent das Bewußtsein einer tiefgreifenden Einheit mit allem, was existiert.

In einem zweiten Schritt können wir Erde denken. In dieser Phase allerdings gehen wir auf Distanz zur Erde und nehmen sie so besser in den Blick. Die Nabelschnur zwischen uns und ihr zerreißen wir damit aber nicht.

Weil wir vergaßen, daß wir mit der Erde eine Einheit bilden, haben wir uns dem Anthropozentrismus* hingegeben. Da wir die Erde als Objekt denken könnten – so unsere Illusion –, seien wir berechtigt, uns über sie zu erheben, über sie zu herrschen und über sie nach Belieben zu verfügen.

Wer sich dagegen als Sohn oder Tochter der Erde fühlt, erlebt die Erde als großzügige Mutter. Die Erde ist ein generatives Prinzip. Sie verkörpert das Weibliche, das Leben empfängt, reifen läßt und zur Welt bringt. So kommt es zum Archetypen* der Erde als Großer Mutter, als Pacha Mama und als Nana. Aber wie die Erde alles zum Reifen und dann auch zur Welt bringt, nimmt sie auch alles wieder auf und nimmt es in ihren Schoß zurück. Wenn wir sterben, kehren wir zu Mutter Erde zurück. Wir finden in ihren großzügigen, reifen Mutterschoß zurück. Feng Shui*, die chinesische ökologische Philosophie, auf die wir weiter unten noch eingehen werden, versteht den Tod in großartiger Weise als Einswerden mit dem Tao*, das sich in den Energien der Natur manifestiert. Zu Lebzeiten können wir zu einem solchen Gleichklang mit dem Tao* wie auch mit den Rhythmen der Natur finden, daß wir, im Grunde genommen, dem definitiven Tod entgehen. Im Tod nehmen wir einen anderen Zustand an. Im Tod finden wir zurück zu einem Leben, geborgen im tiefsten Geheimnis der Natur, aus dem ja alle Wesen stammen und in das alle Wesen zurückkehren.

Spüren, daß wir Erde sind, läßt uns mit beiden Beinen auf dem Boden stehen. Eine neue Einfühlung wächst in uns für die Erde, für Kälte und Wärme, die von ihr ausgehen, wie auch für die Kräfte, mit denen sie uns bald bedroht, bald verzaubert. Die Erde spüren heißt spüren, wie der Regen auf der Haut perlt, die Brise das Gesicht erfrischt, der Taifun den ganzen Körper erfaßt. Die Erde spüren heißt spüren, wie der Atem bis in die Brust gelangt und wie die Düfte einen mal berauschen und mal belästigen. Die Erde spüren heißt ihre ökologischen Nischen erahnen, den Geist jedes Ortes gewahren und Wurzeln schlagen, wo man gerade lebt. Doch der Wohnort macht einen in gewisser Weise auch zum Gefangenen des betreffenden Ortes, der jeweiligen Geographie, des gegebenen Klimas, der vorfindlichen Folge von Regen und Wind, der betreffenden Wohn-, Arbeits- und Lebenskultur. Erde-sein heißt das konkreteste Konkretum sein, heißt sich in Grenzen eingegrenzt wissen. Erde-sein heißt aber auch, eine sichere Grundlage haben, einen Punkt, von dem man alles betrachten kann, und eine Plattform, von der aus man zum Flug ansetzen kann über die jeweilige Landschaft und über das jeweilige Stück Erde hinaus.

Sich als Erde fühlen bedeutet schließlich sich als eingeortet verstehen in eine komplexe Gemeinschaft mit all ihren ganz andersgearteten Söhnen und Töchtern. Die Erde gebiert ja auch noch andere Wesen als nur uns Menschen. Sie bringt Myriaden von Mikroorganismen hervor, die nicht weniger als neunzig Prozent des Lebensnetzes ausmachen, und unübersehbare Mengen von Insekten, die die entscheidende Biomasse für die ganze Biovielfalt liefern. Die Erde schafft die Wassermassen ebenso wie die ganze grüne Oberfläche mit ihrer grenzenlosen Fülle an Pflanzen, Blumen und Früchten. Sie erzeugt einen unfaßbaren Reichtum an Lebewesen, an Tieren, Vögeln und Fischen, die in der heiligen Gemeinschaft des Lebens allesamt unsere Weggefährten sind, weil sie ja die zwanzig zur Entstehung des Lebens notwendigen Aminosäuren in sich tragen. Allen bietet die Erde die notwendigen Voraussetzungen für Subsistenz, Evolution und Ernährung, auf der Erde und unter der Erde, zu Wasser und in der Luft. Sich als Erde fühlen heißt eintauchen in die erdenweite Gemeinschaft, in die Welt der Brüder und Schwestern, die die Söhne und Töchter der großen, hochherzigen Mutter, der Erde, sind.

In der Altsteinzeit war das Empfinden, auch als Mensch Erde zu sein, die maßgebende Erfahrung der Menschheit. Dies äußerte sich in einer entsprechenden Spiritualität und einer entsprechenden Politik.

Was die Spiritualität angeht, herrschten vor einigen

tausend Jahren, angefangen mit Afrika – namentlich ab der Sahara, die damals noch ein grünes, fruchtbares, reiches Land war –, über den ganzen Mittelmeerraum und ganz Indien hin bis nach China weibliche Gottheiten vor, die Große Schwarze Mutter und die Königin Mutter. Prägendes Merkmal dieser Spiritualität war das Bewußtsein einer tiefen kosmischen Einheit und eines organischen Verbundenseins mit allen Elementen als Ausdrucksformen des einen Ganzen.

Neben dieser Art von Spiritualität war die Politik mit ihren matriarchalen* Institutionen bezeichnendes Kennzeichen für das Empfinden, mit der Erde eins zu sein. Frauen bildeten die tragenden Säulen von Gesellschaft und Kultur. So entwickelten sich sakrale Gemeinwesen, die durchhaucht waren von Ehrfurcht, Zärtlichkeit und Schutz für das Leben. Gott sei Dank ist die Erinnerung an die Erfahrung, Erde zu sein, bis heute nicht erloschen. In der Gestalt von Archtetypen* und einer unstillbaren Sehnsucht nach Integration, die uns sozusagen in den Genen stecken, tragen wir sie in uns. Die Archetypen* in uns vergegenwärtigen eine reale historische Vergangenheit, die eingeholt und in unserem aktuellen Leben realisiert sein will.

Der Mensch kommt nicht umhin, die spirituelle Erfahrung der organischen Verschmelzung mit der Erde wiederzugewinnen, will er denn seine Wurzeln wiederfinden und seine grundlegende Identität wieder lebendig werden lassen. Weiterhin muß er auch die politische Erinnerung an das Weibliche wieder mit Leben erfüllen, soll die Dimension der *anima* denn die Politik mitgestalten in Richtung auf mehr Gleichheit unter den Geschlechtern und größere Fähigkeit zur Integration.

2. HIMMEL – SPIRITUELLE UND HIMMELBEZOGENE DIMENSION DER EXISTENZ

Unter Himmel verstehen wir alles, was sich über unseren Köpfen wölbt: die Milchstraße, die Myriaden von Sternen und all die Galaxien, kurz: den unermeßlichen Weltraum über uns. Bis vor kurzem ging man davon aus, der Himmel sei etwas Unveränderliches und Ewiges. Dank den Bergen an neuen astronomischen Erkenntnissen und aufgrund des Einsatzes immer ausgeklügelterer Technologien und Instrumente wissen wir aber heute, daß auch der Himmel einen Anfang hat und sich im Prozeß fortwährender Expansion befindet. Deshalb im folgenden einige Anmerkungen zur Geschichte des Himmels, denn immerhin ist die Geschichte des Himmels ja auch unsere Geschichte. Unsere spirituelle, transzendente Dimension ankert in der Erfahrung des Himmels.

In wissenschaftlichen Kreisen herrscht inzwischen Einmütigkeit darüber, daß alles, einschließlich des Himmels, auf eine gewaltige Explosion (*big bang*) vor fünfzehn Milliarden Jahren zurückgeht. Am Anfang gab es weder Moleküle noch Atome, weder Protone noch die vier fundamentalen Wechselwirkungen (Urkräfte*). Was es gab, war ein unförmiger, in höchstem Maße verdichteter Brei von zehn Milliarden Grad Hitze. Ohne daß irgendein Grund bekannt wäre, schwoll dieser unvorstellbar verdichtete Punkt voller Energie und Urmaterie immer weiter an und explodierte schließlich. Urelemente flogen in alle Richtungen, auch wenn es einen Raum, innerhalb dessen die Expansion hätte stattfinden können, noch gar nicht gab. Raum und Zeit entstanden erst mit dem großen Knall. So läßt sich also sagen, wir seien in gewisser Weise das Werk dieser Expansion.

Im Prozeß der Expansion kam es zu einer wachsenden Abkühlung der Urmaterie. In dem Rhythmus, in dem sie sich ausbreitete, entstanden immer neue Ordnungen von Existenzen, und die Beziehungen zwischen ihnen gestalteten sich immer komplexer und verinnerlichter. Das Echo dieser Urexplosion läßt sich heute noch wahrnehmen. Mikrowellen im Bereich der Radiofrequenzen fallen mit konstanter Intensität aus allen Richtungen auf die Erde ein (Drei-Kelvin-Strahlung; 2,7 Grad Kelvin oder rund -270 Grad Celsius). Die sogenannte kosmische Hintergrundstrahlung ist ein schwacher Widerhall, der uns an den Anfang unseres Weltalls vor fünfzehn Millionen Jahren erinnert. Der Grad der Abkühlung des Universums läßt sich wissenschaftlich messen und beträgt heute 2,7 Grad absolute Temperatur oder rund -270 Grad Celsius.

Geheimnisvollerweise bleiben allein die vier bekannten Wechselwirkungen (Gravitations*-Wechselwirkung, elektromagnetische* sowie starke* und schwache* [atomare] Wechselwirkung) unverändert. Sie wirken stets synergetisch* und beeinflussen sich gegenseitig. Hätten sie sich auch nur geringfügig verändert, wäre die Urmaterie auseinandergeflogen, und nie hätten wir Milchstraßen oder Sterne zu sehen bekommen. Oder das Urchaos (Chaos*) herrschte noch heute, und nie hätten sich komplexe Ordnungen gebildet, und uns gäbe es erst recht nicht.

Alles deutet darauf hin, daß das Universum bewußt ist und ein Ziel kennt. Denn wenn es Harmonie, Leben in Vielfalt und Wesen mit Sensibilität, Verstand und Liebesfähigkeit, wie wir Menschen es sind, wollte, dann mußte es genau den Weg gehen, den es de facto auch gegangen ist.

Aber was sind denn eigentlich die vier konstant bleibenden Wechselwirkungen, die die ganze universale Bewegung, den Evolutionsprozeß und unser eigenes vitales Gleichgewicht steuern? Niemand weiß eine Antwort auf die Frage. Die Wissenschaft hüllt sich in ehrfürchtiges Schweigen. Da jedoch tritt die symbolische Vernunft auf den Plan. Sie vermutet und glaubt, daß hier ein Großer Geist, ein Schöpfergott, unablässig am Werk ist. Sie scheut sich nicht, von seiner Größe zu sprechen, seine Weisheit kundzutun und seine Liebe zu bezeugen. Denn das alles gewahrt sie sowohl in dem einen Ganzen als auch in jedem seiner Teile. Wer denn hätte die vier grundlegenden Urkräfte* nach Art von regelrechten Naturgesetzen in derartige Wechselwirkungen bringen können? Wenn aber Gesetze unabweislich sind, warum dann keinen höchsten Gesetzgeber anerkennen wollen?

Wenn wir also vom Himmel sprechen, dann beziehen wir uns damit auf diese ganze einzigartige, geheimnisvolle Wirklichkeit. Sie übertrifft unser Fassungsvermögen. Sie übersteigt unsere Interpretationskraft. Gleichwohl bemühen wir uns ständig, an sie heranzukommen. Unser Wunsch will durch unendliche Räume hindurch, bis an die Grenzen des Himmels will unser Verlangen. Und dem ist mit Sicherheit so, weil wir uns die uralte Erinnerung an unsere himmlische Herkunft bewahrt haben. Mit den Wurzeln im Planeten Erde haben wir unseren Geist im Himmel verankert.

Wir tragen den Himmel in uns. Der Himmel steht für die himmelbezogene Dimension, für die Transzendenz des Menschen. Für seine Fähigkeit, die Grenzen der Erde zu überschreiten. Für sein unermüdliches Bemühen, immer noch weiter emporzusteigen, immer noch höher zu gelangen. Das Ganze läßt sich auch deuten als Ahnung des männlichen Prinzips, jenes Prinzips, das bestimmt, das neue Horizonte aufreißt, und zwar angesichts dessen, was seine Hand nur eben zu erreichen vermag, Unruhe und einen unersättlichen Hunger in sich verspürt.

Parallel zur tellurischen (erdhaften) Erfahrung führte auch die uranische (himmelbezogene) Erfahrung zu einer bestimmten Spiritualität und einer bestimmten Politik. Die Spiritualität des Himmels möchte ihre Wurzeln kappen, will grenzenlose Offenheit und sucht fortwährend nach neuen Visionen. Im Extremfall endet sie im Dualismus – im Dualismus zwischen Himmel und Erde, oben und unten, dieser Welt und einer anderen Welt, zwischen Wunsch und Tat. Gerade männliches Verhalten zeichnet sich dadurch aus, daß es zu einer solchen Art von Spaltung neigt und in der Gefahr solcher Art von Dualismus steht. Was es in der Tat gibt, ist Dualität; die aber zeigt nur, wie komplex die Dinge sein können. Dualismus ist etwas anderes als Dualität. Dualismus spaltet die Dinge, wohingegen Dualität sie als zusammengehörig betrachtet, als zwei Dimensionen ein und derselben Wirklichkeit. Die instrumental-analytische Vernunft arbeitet mit derlei dualistischen Spaltungen und trennt im falsch verstandenen Sinn Subjekt und Objekt, Ich und Welt, weiblich und männlich voneinander. Die instrumental-analytische Vernunft versucht, alles zum Gegenstand von Verlangen, Eroberung, Besitz und Aneignung zu machen. So liegt sie in Konflikt mit der tellurischen Erfahrung, der zufolge – innerhalb des einen großen Ganzen – alles mit allem vital zusammenhängt.

Mit der Neusteinzeit gewinnen die männlichen Werte die Oberhand, und eine neue Politik bahnt sich an. Fortan geben die Männer in der Gesellschaft den Ton an. Indem sie sich die Frauen untertan machen und sich die Natur unterwerfen, etablieren sie das Patriarchat*. Daß die Rück-bindung aller Dinge an alle Dinge verloren geht, ist das Ergebnis der patriarchalen Kultur, die mit den Beiträgen des ihr vorausgehenden Matriarchats* nichts mehr anzufangen weiß. Heutzutage ist das Patriarchat die kulturelle Grundlage aller wichtigen Institutionen in Politik und Religion. Welch gefährliche Grenzen es hat, ist abzulesen an der Rücksichtslosigkeit, mit der viele den Planeten Erde behandeln, an der fehlenden Achtsamkeit gegenüber dem Leben in seinen vielen Formen und im Ansteigen der Konflikte in den gesellschaftlichen Beziehungen.

Was also nottut, ist eine Synthese zwischen der Dimension des Himmels (Jupiter) und der Dimension der Erde (Tellus). Nur, wie kriegen wir die hin? Wie bekommen wir unsere Verwurzelung in unserem gemeinsamen Haus, der Erde, auf einen Nenner mit unserem unersättlichen Hunger nach dem Grenzenlosen, nach dem Himmel? Das ist die fundamentale Spannung, die radikale Herausforderung, die der Mensch in sich trägt. Die Reflexion über Saturn eröffnet uns da einen Weg.

3. GESCHICHTE UND UTOPIE – GRUNDLEGENDE STRUKTURELEMENTE DES MENSCHEN

Die mythologische Gestalt des Saturn versinnbildet das Phänomen der Synthese, das goldene Zeitalter und die realisierte Utopie der Erlösten und Befreiten in Heimat und Heim des vollen Beisichseins. Im Reich des Saturn lebten Götter und Menschen, Männer wie Frauen, in gelungener Integration, in Gerechtigkeit und Wohlwollen, in dauerhaftem Frieden. Natürlich ist das eine Utopie. Aber bloß eine Utopie?

Wir gehen davon aus, daß weder der Mensch noch die Gesellschaft ohne Utopie leben können. Anders gesagt: Weder der Mensch noch die Gesellschaft kommen umhin, ihre schönsten Träume zu projizieren und sich zu bemühen, sie Tag für Tag zu realisieren. Gäbe es keine Utopie, beherrschten die niedrigsten Interessen das Feld. Allesamt dümpelten wir dahin im Sumpf einer Geschichte ohne Hoffnung, weil ja ständig der Stärkste den Sieg davontrüge. Dagegen überrascht die Dimension des Saturn, die Utopie, immer wieder mit neuen Perspektiven und entdeckt unentwegt tausend Gründe, zu kämpfen und nach besseren Formen des Zusammenlebens zu suchen. Die Utopie ist die Gegenwart der Dimension des Himmels innerhalb der Dimension der Erde, innerhalb der engen Grenzen persönlichen wie kollektiven Daseins.

Allerdings darf sich Utopie nicht in Utopismus verflüchtigen. Utopismus steht für pures Phantasiegebilde und verantwortungslose Flucht vor der Wirklichkeit. Utopie hingegen bemüht sich um Realisierung in einem geschichtlichen Prozeß, daß der Traum Fleisch und Blut wird und die tausend Schritte des langen Weges auch Schritt für Schritt gegangen werden. Geschichte braucht Zeit, Geduld, Wartenkönnen, Fertigwerden mit Hindernissen, konstruktives Engagement. Im Rahmen der Utopie meldet auch die Dimension der Erde ihre Forderungen an die menschliche Existenz an.

Der Mensch streckt sich aus zwischen Utopie und Geschichte. Utopie und Geschichte treffen sich in der Zeit, in der der Mensch lebt. Deshalb läßt sich an Saturn auch ablesen, daß die Zeit mit ihrer Unausweichlichkeit ihre Gültigkeit hat. Der Mensch entwickelt seine Existenz in der Zeit. Ohne Zeit könnte er weder wachsen noch etwas lernen, weder reifen noch weise werden. Ja, selbst zum Sterben braucht er Zeit. In der Zeit erlebt er die Spannung zwischen der Utopie, die ihn seinen Blick unverbrüchlich nach oben und nach vorn gerichtet zu halten antreibt, und der realen Geschichte, die ihn zu Kompromissen und konkreten Schritten zwingt und dazu veranlaßt, aufmerksam auf den Weg und auf die Richtung zu achten, auf Abzweigungen und Hindernisse, auf Fallen und Chancen.

Die – aus der Kraft der Utopie entwickelte – Geschichte ist der Ort, an welchem die Synthese zwischen den Erfordernissen der Erde und den Impulsen des Himmels möglich wird. Die Geschichte ist die Chance zur umfassenden Erfahrung des Verbundenseins mit dem Ganzen (weibliches Prinzip) und der gleichzeitig bleibenden Offenheit für das Grenzenlose (männliches Prinzip). Letztendlich sind wir ja ein Projekt ohne Grenzen. Was aber grenzenlos ist, bringt jedwede Synthese aus dem Gleichgewicht. So müssen wir begreifen, daß wir von unserer ganzen Struktur her ein offenes System sind, das immer wieder Neues in sich aufzunehmen und immer wieder neue Synthesen herzustellen vermag.

Nur, wie läßt sich solch eine Synthese zwischen Himmel und Erde, zwischen Utopie und Geschichte verwirklichen? Wie läßt sie sich lebendig erhalten, fruchtbar und attraktiv? Hier nun haben Achtsamkeit und Sorge ihre Funktion. In der mythologischen Fabel des Hyginus* läßt uns der Gott Saturn wissen, die Sorge sei des Menschen ständiger Begleiter, so lange er seinen Weg durch die Zeit gehe. Die Sorge ist der historisch-utopische Weg zur Synthese, soweit sie unserer Endlichkeit möglich ist. Aus diesem Grund ist die Sorge das grundlegende Ethos* für den Menschen, der Schlüssel, der ihm das Menschsein mit all seinen Möglichkeiten entschlüsselt.

VII. WAS IST SORGFÄLTIGE ACHTSAMKEIT?

Im vorigen Kapitel habe ich versucht, die tragenden menschlichen Erfahrungen herauszuarbeiten, auf denen die mythologische Fabel des Gaius Iulius Hyginus* mitsamt ihren grundlegenden Begriffen beruht. Im folgenden geht es nicht mehr um die Gestalt der Sorge, sondern um die Frage, was Sorge und Achtsamkeit in ihrem Kern ausmachen. Für Hyginus ist die Sorge keine Gottheit, sondern die Personifizierung einer fundamentalen Daseinsweise. Doch Personifizierung meint etwas ganz Ähnliches wie Vergöttlichung, zumindest in dem Sinn, wie wir mythologische Gottheiten verstehen, daß diese nämlich radikale Dimensionen des Menschlichen zum Ausdruck bringen.

Zunächst ein Blick auf die Phänomenologie der Sorge. Unter Phänomenologie verstehen wir die Art und Weise, wie etwas – im vorliegenden Fall also Achtsamkeit und Sorge – in unserer bewußten Wahrnehmung zu einem Phänomen wird, sich in unserer Erfahrung zeigt und unser Tun und Verhalten prägt. In diesem Sinn geht es also nicht darum, *über* Sorge und Achtsamkeit zu reden, als hätte weder das eine noch das andere etwas mit uns zu tun. Es geht darum, *von uns selbst ausgehend* zu fragen, wie sie sich in uns strukturell darstellen und wie wir damit umgehen. Wir *haben* keine Sorge, wir *sind* Sorge. Das heißt: Achtsame Sorge besitzt eine ontologische* Dimension und gehört zur wesenhaften Konstitution des Menschen. Sorge und Achtsamkeit sind eine unverwechselbare Daseinsweise von Mann und Frau. Ohne Sorge wäre unser Menschsein dahin.

In seinem Buch ›Sein und Zeit‹ zeigt Martin Heidegger, der ja als der Philosoph der Sorge par excellence gilt, daß so grundlegende Wirklichkeiten wie Wollen und Wünschen in wesenhafter Sorge wurzeln. Allein dank der Dimension der Sorge erwiesen sie sich als Verwirklichungen des Menschlichen. Als existential-ontologisches* Konstitutivum des Menschen liege die Sorge allem zugrunde, was der Mensch unternimmt, entwirft und tut, und habe damit »jene Weite, durch die der Boden vorgegeben wird, auf dem sich *jede* ontisch-weltanschauliche Daseinsauslegung bewegt«.[7] Unter ontologischem Konstitutivum versteht Heidegger alles, was unausweichlich zur Definition des Menschen gehört und mithin sein Tun strukturiert. Wenn er sagt, die Sorge sei der »Boden ..., auf dem sich *jede* ontisch-weltanschauliche Daseinsauslegung bewegt», dann gibt er folglich damit zu verstehen, daß die Sorge die Grundlage jedes Menschenverständnisses ist. Wer nicht achtsame Sorge zur Grundlage seines Menschenbildes macht, wird den Menschen nie verstehen. Was wir im Laufe unserer Überlegungen bisher einfach so behauptet haben, müssen wir jetzt eingehender entfalten.

7 Heidegger, Martin, Sein und Zeit, aaO., 199–200.

1. ETYMOLOGISCHE ANMERKUNGEN

Einen ersten Zugang zum Kerngehalt der beiden Wörter *Sorge* und *Achtsamkeit* eröffnet uns ihre Etymologie. Philosophen machen darauf aufmerksam, daß Wörter mit existentieller Bedeutung »schwangergehen«. In ihnen hätten die Menschen unendlich viele Erfahrungen zusammengetragen, positive wie negative, Erfahrungen des Suchens und Findens, der Sicherheit und Ratlosigkeit, der Begegnung und des Eintauchens ins Sein. Wir tun also gut daran, die Wörter auf den in ihnen verborgenen Reichtum hin zu durchleuchten. Normalhin entstehen Wörter auf der schmalen Basis einer Ur-bedeutung und entfalten von dort aus weitere, verwandte Sinngehalte. Nicht anders verhält es sich mit den Wörtern *Sorge* und *Achtsamkeit*.

In seinem bereits mehrfach zitierten Buch ›Sein und Zeit‹ verwendet Martin Heidegger das deutsche Wort *Sorge* zur Übersetzung des lateinischen Terminus *cura*.[8] In seiner ältesten Form schrieb sich *cura* im Lateinischen *coira* und wurde verwendet, wenn es um Beziehungen der Liebe und der Freundschaft ging. Zum Ausdruck gebracht werden sollte damit eine Haltung der Zuwendung und der Achtsamkeit, der Sorge und des Sich-kümmerns um die geliebte Person oder um den geschätzten Gegenstand.

Was das Wort *Achtsamkeit* angeht, weisen Fachleute darauf hin, daß sich das Substantiv *Acht* mit seinen Ableitungen wie *Achtung* oder *Beobachtung* von der indo-

[8] Vgl. zu *Cura*: Thesaurus Linguae Latinae. Bd. 4, Leipzig 1909, 1451–1476; Paulys Realencyclopediae der classischen Alterumswissenschaft, Bd. 8, Stuttgart 1901, 1773; A. Ernout/A. Meillet, Dictionnaire Ethymologique de la Langue Latine, Paris 1939, 245–246.

germanischen Wurzel *ok-* herleitet. *Ok-* aber heißt soviel wie *nachdenken, überlegen*. Ist dem so, dann berührt sich *Achtsamkeit* inhaltlich mit dem portugiesischen *cuidado*, dessen Herkunft manche im lateinischen Verbum *cogitare* vermuten. *Cogitare* heißt nämlich auch *denken, erwägen*. Ob auf der Schiene *cura / Sorge* oder *ok- / Achtsamkeit* oder *cuidado / cogitare / denken*, immer soll die Haltung eines Menschen vermittelt werden, der der Existenz eines anderen Wesens Bedeutung beimißt, sich ihm zuwendet und an seinem Geschick und an seinem Suchen, an seinen Leiden und Erfolgen, kurz an seiner ganzen Existenz Anteil nimmt.

Sorge und Achtsamkeit bedeuten dann Aufmerksamkeit und Zuvorkommenheit, Einfühlung und Einsatz. Wir sagten es bereits: Wir stehen mithin vor einer fundamentalen Haltung und vor einer grundsätzlichen Daseinsweise, in der der Mensch aus sich heraus- und auf den anderen liebevoll und engagiert eingeht. Bezeichnend das Wort ›Seelsorge‹, mittels dessen die Tätigkeit von Priestern oder Pfarrern, von Ordensfrauen oder Pastoralreferentinnen beschrieben werden soll, die sich dem geistigen und hoffentlich auch dem materiellen Wohl der Gläubigen widmen. Nicht nur bei dieser Aufgabe kommt es auf den *Esprit de finesse* an, auf den Geist der Hochherzigkeit, von dem wir ja bereits sprachen.

Sorgfältige Achtsamkeit und achtsame Sorge beinhalten also immer zwei grundsätzliche Bedeutungen, die allerdings aufs engste miteinander verbunden sind. Erstens geht es um die Haltung von Beachtung und Bedacht, mit der ich dem Gegenüber begegne. Zweitens stecken in den beiden Wörtern aber auch Sorge und Beunruhigung um die andere Person, weil sie gefühlsmäßig ein Stück von mir ist.

Mit Recht konnte Horaz (65–8 v. Chr.), der große Dichter der lateinischen Sprache, sagen: »Sorge und Achtsamkeit sind der ständige Begleiter des Menschen.« Mit anderen Worten: Sorgsame Achtsamkeit begleitet deshalb unentwegt den Menschen, weil dieser nie aufhört, jemanden zu lieben und jemandem Gutes zu wollen (erste Bedeutung), und weil er ebenso wenig aufhört, sich zu beunruhigen wegen der geliebten Person und sich Sorge zu machen um sie (zweite Bedeutung). Wäre dem nicht so, was gingen einen dann noch der andere oder die andere an, und wozu sollte man sich dann noch für ihn oder für sie einsetzen? Letzten Endes machte sich dann Gleichgültigkeit allerorten breit. Doch Gleichgültigkeit ist bekanntlich der Tod aller Liebe und aller Achtsamkeit.

2. ZWEI ARTEN DES IN-DER-WELT-SEINS: ARBEIT UND ACHTSAMKEIT

Die beiden Grundbedeutungen von Achtsamkeit und Sorge, die uns unser Blick in die Etymologie zu erkennen gab, bestätigen uns in der Annahme, daß Achtsamkeit mehr ist als ein einmaliger Akt oder eine beliebige Tugend unter anderen. Achtsamkeit ist eine Daseinsweise, das heißt eine Form, wie jemand strukturiert ist und sich in der Welt im Umgang mit den anderen realisiert. Oder noch schärfer gesagt: Achtsamkeit ist eine Art des In-der-Welt-Seins, wie jemand seine Beziehungen zu allen anderen Wesen gestaltet.

Wenn wir von In-der-Welt-Sein sprechen, denken wir natürlich nicht an eine geographische Determinante, als ginge es darum, neben Pflanzen, Tieren und neben den anderen Menschen in der Natur angesiedelt zu sein. Das mag mitgemeint sein, aber unter In-der-Welt-Sein verstehen wir hier etwas Umfassenderes. Achtsamkeit bedeutet eine Form der Ek-si-stenz und der Ko-existenz, der Präsenz, des Sich-Bewegens durch die Wirklichkeit und des Beziehung-Herstellens mit allen Dingen in der Welt. In dieser Ko-existenz und in diesem Zusammenleben, in diesem Sich-durch-die-Wirklichkeit-Bewegen und in diesem Beziehungsspiel baut der Mensch sein eigenes Sein auf, sein Selbstbewußtsein und seine Identität.

Im Wesentlichen gibt es zwei Grundformen des In-der-Welt-Seins: die der Arbeit und die der Achtsamkeit. In der Spannung zwischen beiden baut sich prozeßhaft die menschliche Wirklichkeit auf.

a. Daseinsweise Arbeit

Die Auffassung, sein In-der-Welt-Sein durch Arbeit begründet zu sehen, wird konkret in den Vorgehensweisen von Inter-aktion und Inter-vention. Der Mensch lebt nicht in einer Art biologischer *Siesta* mit der Natur. Im Gegenteil, er inter-agiert mit ihr, will die in ihr wirksamen Gesetze und Rhythmen kennenlernen und greift in sie ein, um sich sein Leben angenehmer zu gestalten. Alles das tut er mittels der Arbeit. Mit der Arbeit baut er sich seine Welt auf, paßt die Umwelt seinen Vorstellungen an und stimmt seine Wünsche auf die Umgebung ab. Mit Hilfe der Arbeit setzt er die Evolution fort und führt Dinge in sie ein, die die Evolution möglicherweise nie hervorgebracht hätte, wie Häuser und Städte, Autos und Kommunikationsnetze, Rundfunk und Fernsehen. Mittels der Arbeit steuert er den Evolutionsprozeß mit und bewirkt, daß Natur und Gesellschaft, einschließlich ihrer Organisationen, Systeme und technologischen Apparate, zu einer Symbiose finden und sich wechselseitig gemeinsam entwickeln.

In gewisser Weise steckt die Arbeit schon in der Dynamik der Natur. Eine Pflanze oder ein Tier arbeiten auch, insofern sie bzw. es mit der Umwelt inter-agiert, Informationen austauscht, sich flexibel erweist und, um zu überleben, sich anpaßt. Beim Menschen jedoch wird die Arbeit zur bewußten Daseinsweise, nimmt den Charakter eines Projektes an und gewinnt Züge von Strategie und Taktik zur Gestaltung sowohl seiner selbst als auch der Natur.

Ursprünglich war die Arbeit mehr Inter-aktion als Inter-vention, weil der Mensch von Verehrung gegenüber der Natur erfüllt war. Er entnahm ihr nur so viel, wie er zum Überleben und zu mehr Sicherheit und Bequemlichkeit brauchte.

Der Prozeß der Intervention in die Natur begann vor 2 bis 1,6 Millionen Jahren, als der *Homo habilis* das Werkzeug erfand. Zu einer Konstanten wurde er vor ungefähr 150000 Jahren mit dem *Homo sapiens*, dessen direkte Nachfahren wir sind. Wirklich spürbar aber wurde das Ganze erst seit der Jungsteinzeit vor etwa 10000 Jahren, als der Mensch anfing, Häuser und Dörfer zu bauen und Pflanzen und Tiere zu zähmen. Zu seinem – vielleicht vorläufigen – Höhepunkt jedoch kam der Prozeß mit der wissenschaftlich konzipierten Technik unserer Tage.

Mit der Arbeit schufen die Menschen die Kulturen und gaben damit sich selbst wie auch der Natur eine neue Gestalt. So taten sie den ersten Schritt auf dem Weg, die Natur beherrschen und unterwerfen zu wollen. Doch der Wille, sich die Natur untertan zu machen, wurde noch stärker, als sich die Menschen durch die Hindernisse, auf die sie mittlerweile gestoßen waren, herausgefordert fühlten. Ihre Aggressivität wurde immer größer, und ihre Emsigkeit und Erfindergabe nahmen deutlich zu. Inzwischen waren sie sich auch ihrer instrumentell-analytischen Vernunft gewahr geworden, mit deren Einsatz sie ja noch gründlicher in die Natur einzugreifen vermochten. Allerdings macht diese Art von Vernunft ein gewisses Maß an ›Objektivität‹ und eine gewisse Distanz zu den Dingen erforderlich, will man sie denn im Sinn von Objekten untersuchen, Erfahrungen mit ihnen sammeln und sich folglich ihrer bemächtigen können.

Wichtig jedoch ist, daß die vermeintlichen Objekte in Wahrheit keineswegs Objekte sind. Erst die Vernunft macht sie zu Objekten, indem sie sie in ihrem Umfeld isoliert, von den sie umgebenden Mit-existenzen trennt und für ihre Interessen einsetzt. ›Objektivität‹ ist eine Projektion der Vernunft. Die als solche bezeichneten Objekte sind in Wirklichkeit Subjekte, die ihre Geschichte haben, Informationen sammeln und austauschen und Teil der kosmischen und erdbezogenen Gemeinschaft sind.

In dem Maße, in dem sich der Mensch in seinem Eifer nach angeblicher Objektivität und Sachlichkeit steigerte, schuf er sich Geräte, um den an sich unvermeidlichen Energieschwund wieder auszugleichen und die Möglichkeiten seiner Sinne zu potenzieren. Mittlerweile wird die bisher von Menschen geleistete Arbeit zunehmend von Maschinen, Rechnern, Automaten und Robotern übernommen, die heute schon die menschliche Arbeitskraft weithin ersetzen. Auf diese Weise entstanden, was einige inzwischen *Kyberwesen** nennen: zwitterhafte Superorganismen aus Menschen, Maschinen und Informationsnetzen. So kommt es zu Verbindungen zwischen biologischen, mechanischen und elektronischen Gegebenheiten, welche die Grundlage für unsere gegenwärtigen Gesellschaften bilden.

Die Logik des In-der-Welt-Seins im Modus der Arbeit führt dazu, daß der Mensch seinen Ort *über* den Dingen sieht und sich berechtigt fühlt, sie zu beherrschen und für seine persönlichen und kollektiven Interessen in Dienst zu nehmen. Sich selbst wähnt er im Mittelpunkt des Ganzen. Die Folge ist die Herrschaft des Anthropozentrismus*. Anthropozentrismus meint nämlich eine Haltung, die ganz auf den Menschen konzentriert ist und den Dingen nur insofern Sinn beimißt, als sie auf ihn abzielen und seine Wünsche befriedigen. Daß sie eine relative Autonomie hätten, ist undenkbar. Nicht genug damit: In Vergessenheit gerät auch, daß der Mensch – ob er will oder nicht – eine Verbindung hat zur Natur und zu allem insgesamt, weil er ja ein Teil des Ganzen ist. Schließlich übersieht der Anthropozentrismus, daß das letzte Subjekt des Lebens und der Sensibilität, der Verstehbarkeit und der Liebesbewegung in erster Linie nicht der Mensch, sondern das Universum, die Erde, ist. Wer imstande ist, durch die Dinge hindurchzuschauen, dem oder der erweist sich der Kosmos durchaus als fähig, vermittels unser und in uns zu fühlen, zu denken, zu lieben und Ehrfurcht walten zu lassen. Von all diesen Zusammenhängen hat Anthropozentrismus keine Ahnung.

Die Haltung der Arbeit-als-Macht-über-die-Welt verkörpert die Dimension des Männlichen, die freilich nicht nur in jedem Mann, sondern auch in jeder Frau steckt. Gemeint ist das Bestreben, die Wirklichkeit aufzuteilen und zu zerlegen, um sie auf diese Weise besser kennenzulernen und sich gnadenlos zu unterwerfen.

Menschen mit solcher Einstellung greifen zu Macht und nicht zuletzt zu Aggression, um ihre utilitaristischen Ziele durchzusetzen. Sie brechen aus sich selbst auf, um des Abenteuers willen, auch die letzten Winkel der Erde zu entdecken und – in unseren Tagen – auch die äußeren Himmelsräume, ja den Himmel selbst zu ergründen. Geschichtlich betrachtet, setzte sich der Modus des In-der-Welt-Seins mittels Arbeit in der Jungsteinzeit durch und gelangte mit der Besetzung und Hominisierung des ganzen Planeten heute zu seinem Höhepunkt.

b. Daseinsweise Achtsamkeit

Die andere Art des In-der-Welt-Seins ist die der Achtsamkeit. Natürlich steht Achtsamkeit nicht in Widerspruch zu Arbeit. Achtsamkeit transponiert Arbeit in eine andere Tonart. Wer achtsam ist, betrachtet die Natur, einschließlich dessen, was sie beinhaltet, nicht mehr als Objekt. Sein Verhältnis ist nicht mehr das zwischen Subjekt und Objekt, sondern zwischen Subjekt und Subjekt. Der achtsame Mensch erfährt die Dinge als Subjekte, als Werte und Symbole, die ihn auf eine Quell-wirklichkeit verweisen. Die Natur ist nicht stumm. Die Natur spricht und läßt Anklänge wach werden. Sie sendet Botschaften aus von Größe und Schönheit, von Erstaunlichem und von Kraft. Der Mensch ist imstande, derlei Signale wahrzunehmen und zu deuten. Dazu stellt er sich auf die gleiche Ebene mit den Dingen, will mit ihnen *zusammen* sein und fühlt sich mit ihnen verbunden. Ein solcher Mensch existiert nicht einfach, sondern er ko-existiert mit allen anderen Wesen. Sein Verhältnis zu den Dingen ist nicht Herrschaft *über* sie, sondern Zusammen-leben *mit* ihnen. Es geht ihm nicht um bare Intervention, sondern um Inter-aktion und Gemeinschaft.

Achtsam mit den Dingen umgehen bedeutet Intimität mit ihnen pflegen, sie in sich atmen spüren, sie bejahen, sie schätzen und ihnen Rast und Ruhe gönnen. Jemandem achtsam begegnen heißt Einklang mit ihm suchen, seinem Rhythmus lauschen und sich darin einschwingen. Analytisch-instrumentelle Vernunft bahnt der Vernunft des Herzens eine Bahn, dem *Esprit de finesse,* dem Geist der Hochherzigkeit und dem Gefühl der Tiefe. Im Mittelpunkt des Menschen hausen dann nicht mehr *Logos** und Vernunft, im Mittelpunkt des Menschen wohnen dann *Pathos** und Gefühl.

Diese Art des Daseins ermöglicht es dem Menschen, die grundlegende Erfahrung des Wertes zu machen: daß Dinge wichtig sind und definitiv zählen. Wert heißt hier aber nicht Nutzeffekt, heißt, daß an den Dingen eine innere Bedeutung haftet. Aus diesem substantivischen Wert erwächst dann die Dimension des andersartigen Gegenübers, der Achtung, der Heiligkeit, der Wechselseitigkeit und der Komplementarität.

Alle fühlen wir uns mit den anderen verbunden und aneinander rück-gebunden. Alle bilden wir ein einziges organisches Ganzes, in dem – so bunt es ist – doch alle Platz haben. Dieses Ganze erinnert an ein letztes Band, welches alles rück-bindet, zusammenhält und mit Kraft erfüllt. Es erweist sich als höchster Wert, der sich in allem ebenso ver-hüllt wie ent-hüllt. Doch der höchste Wert ist von einem Geheimnis umhüllt, insofern er sich immer wieder an-sagt, zugleich aber immer auch wieder ab-sagt. Das Geheimnis jagt keine Furcht ein, wohl aber fasziniert es und zieht an wie die Sonne. Zu erfahren gibt es sich uns, als wäre es ein großer Mutterschoß, der uns alle birgt und in höchstem Maße gedeihen läßt. Sein Name kann auch Gott sein.

Selbstverständlich trifft die Daseinsweise Achtsamkeit auch auf Widerstand und gerät mitunter in ausweglose Situationen. Doch wer ausdauernde Geduld hat, wird auch damit fertig. Statt Aggressivität pflegt er, pflegt sie liebevolles Zusammenleben. Statt in Überlegenheit übt er, übt sie sich in herzlicher Gemeinsamkeit mit den anderen.

Die Daseinsweise sorgsame Achtsamkeit gibt die Dimension des Weiblichen zu erkennen, die jeder Mann wie jede Frau in sich tragen. Gott sei Dank hat es das Weibliche in der Geschichte immer gegeben. Nur, in der Altsteinzeit war es besonders sichtbar, weil in dieser Phase der Geschichte die Kulturen matrifokal* waren und in Harmonie mit der Natur lebten. Die Menschen fühlten sich als Teil des Ganzen. Die Gesellschaften waren geprägt von einem tiefen Sinn für die Heiligkeit des Weltalls und von einer großen Ehrfurcht für die Geheimnishaftigkeit des Lebens und der Erde. Die gesellschaftliche und geschichtliche Leitung lag bei den Frauen, die dem Weiblichen solch deutliche Ausdrucksformen gaben, daß diese in der bleibenden Erinnerung der Menschheit haften blieben – dank großer Symbole, Träume und Archetypen*, die auch heute noch in den Kulturen und im kollektiven Unbewußten zu erahnen sind.

3. DIKTATUR DER DASEINSWEISE ARBEIT

Die große Herausforderung, die sich dem Menschen stellt, ist, Arbeit mit Achtsamkeit zu verbinden. Arbeit und Achtsamkeit widersprechen sich nicht, sie ergänzen einander. Das eine markiert die Grenze des anderen, vervollständigt es aber auch zugleich. Beide zusammen bilden das Gesamt der menschlichen Erfahrung, die es einerseits mit dem Materiellen, andererseits aber auch mit dem Geistigen zu tun hat. Der Irrtum besteht darin, die eine Dimension in Widerspruch zur anderen zu bringen und beide nicht als Daseinsweisen des einen Menschen zu betrachten.

Seit Tausenden von Jahren spielt sich ein Drama mit bösen Konsequenzen ab: das Auseinanderdriften von Arbeit und Achtsamkeit. Spätestens in der Jungsteinzeit vor zehntausend Jahren begann die Arbeit Oberhand zu gewinnen – Arbeit verstanden als geradezu rasendes Streben nach Leistung, als nervöser Streß, immer mehr produzieren zu müssen, und als zügellose Jagd, sich die Erde untertan zu machen. Gerade die letzten Jahrhunderte, genauerhin die Phase seit dem 18. Jahrhundert, zeichnen sich aus durch die Diktatur der Daseinsweise Arbeit in der Form von Intervention, Produktion und Unterwerfung. Die Arbeit hat es nicht mehr mit der Natur (Gestaltung) zu tun, sondern mit dem Kapital (Konflikt zwischen Kapital und Arbeit, wie er von Marx und Engels beschrieben wird). Arbeit hört auf, Gestaltung der Natur zu sein, und wird zur Lohnarbeit. Die Menschen werden zu Sklaven unter dem Diktat von Strukturen einer immer rationalisierteren, objektivierteren und entpersönlichteren Produktivarbeit, deren Logik von der Maschine bestimmt wird.

Luiz Carlos Restrepo, ein scharfsinniger kolumbianischer Soziologe, behauptet mit Recht, wir alle hätten Alexander den Großen (336–323 v. Chr.) beerbt, den Archetypen* des Kriegers und Eroberers. Die der Daseinsweise Arbeit als Unterwerfung zugrundeliegende Ideologie ist die Eroberung des anderen, der Welt und der Natur in der Form der bedingungslosen Unterjochung.

Doch so etwas tötet die Zärtlichkeit, liquidiert die Achtsamkeit und verletzt die Substanz des Menschen.

So kam es, daß die Diktatur der Arbeit als Unterwerfung zur Maskulinisierung sämtlicher Beziehungen führte. Anthropozentrismus*, Androzentrismus*, Patriarchat* und Machismus geben seither den Ton an. Wohin der Blick auch fällt, wir sind umgeben von pathologischen Ausdrucksformen des Männlichen, losgelöst von allem Weiblichen. Der *animus** hat sich über die *anima** erhoben.

Sorge und Achtsamkeit wurden als Verweiblichung des menschlichen Umgangs diffamiert – als Belastung für ein objektives Verständnis der Dinge und als Hindernis, etwas Ordentliches zu leisten.

Die Diktatur der Daseinsweise Arbeit als Unterwerfung treibt die Menschheit im Augenblick immer tiefer in eine lähmende Zwickmühle: Entweder machen wir Schluß mit der Gefräßigkeit der immer weiter wachsenden Produktion und bringen Arbeit und Achtsamkeit wieder ins Gespräch, oder wir müssen uns auf das Schlimmste gefaßt machen. Die Verherrlichung der Produktionsarbeit führte dazu, daß die nichterneuerbaren Ressourcen der Natur inzwischen nahezu erschöpft und die physikalisch-chemischen Gleichgewichtszustände auf der Erde weithin zerbrochen sind. Der spontane Verkehr zwischen den Menschen erstarrte, weil sich das eine Volk zum Herrn über das andere aufschwang und die verschiedenen gesellschaftlichen Schichten sich einen erbitterten Klassenkampf lieferten. Der Mensch wird nur noch als Arbeitskraft gesehen, die es möglichst vorteilhaft zu kaufen und auszubeuten gilt, oder als Produktionsfaktor bzw. als Inhaber von Kaufkraft. Immer mehr Menschen, mittlerweile immerhin zwei Drittel der Weltbevölkerung, sind zu einem Leben ohne jede Zukunftsfähigkeit* verdammt. Wer sieht noch im Menschen das Wesen unendlich vieler Beziehungen, das Wesen voller Kreativität und Zärtlichkeit, voller Achtsamkeit und Spiritualität oder den Träger eines unbegrenzten, ja heiligen Projektes?

Nicht auszuschließen, daß ein In-der-Welt-Sein, das sich ausschließlich als Arbeit definiert, zum Ruin des Planeten führt. Um so dringlicher, der Daseinsweise Achtsamkeit umgehend wieder zu Ansehen zu verhelfen und sie als unerläßliches Korrektiv wieder ins Gespräch zu bringen. Das Kyberwesen*, das sich unter diesen Umständen möglicherweise entwickelt, kann dann durchaus die Symbiose mit der Maschine suchen, aber nicht mehr, um sich ihr zu unterwerfen, sondern um mittels ihrer die Qualität seines Lebens und seiner Umwelt zu verbessern.

4. WIEDERENTDECKUNG DER DASEINSWEISE ACHTSAMKEIT

Die Wiederentdeckung der Achtsamkeit geht nicht zu Lasten der Arbeit. Achtsamkeit läßt sich nur wiederentdecken, wenn die Arbeit neuverstanden und auf eine neue Weise getan wird. Aber dazu muß der Mensch zunächst einmal Einkehr halten und sich darauf besinnen, was die Daseinsweise Achtsamkeit für ihn bedeutet.

Wir hatten schon die Frage bedacht, worin denn der Kern der Achtsamkeit bestehe. Der Einstieg zur Beantwortung der Frage kann nicht die kalkulierende, analytische oder objektivierende Vernunft sein. Diese würde uns nur wieder zu Arbeit-Intervention-Produktion bringen und damit in Beschlag nehmen. Apparate und Rechner sind auf dem Gebiet des Einsatzes solcher Art von arbeitsorientierter Vernunft leistungsstärker als unsereiner.

Menschen tragen etwas in sich, was Maschinen nicht haben, was vor Jahrmillionen entstand, als im Evolutionsprozeß die Säugetiere auf den Plan traten, zu deren Art wir Menschen ja auch gehören. Die Rede ist vom Gefühl, von der Fähigkeit, sich betreffen zu lassen, sich emotional zu engagieren, jemanden anzurühren und von ihm bzw. von ihr angerührt zu werden.

Der Computer oder der Roboter sind nicht imstande, sich um die Umwelt zu kümmern, mit anderen angesichts des Unglücks, das sie getroffen hat, zu weinen oder sich mit der Freude eines Freundes zu freuen. Der Computer hat kein Herz.

Allein wir Menschen können uns mit einem frustrierten Freund an einen Tisch setzen, ihm die Hand auf die Schulter legen, ein Glas Bier mit ihm trinken, ihm Trost zusprechen und ihm wieder Mut machen. Was wäre die Konstruktion dieser Welt ohne den Kitt gefühlsmäßiger Bande? Affektive Bande machen Menschen und Situationen wertvoll und kostbar. Wir legen Wert auf etwas. Wir nehmen uns Zeit, uns damit zu befassen. Wir fühlen uns verantwortlich für das Band, das zwischen uns und den anderen gewachsen ist. Die Kategorie *Achtsamkeit* und *Sorge* vermittelt diese ganze Daseinsweise. Sie macht deutlich, wie wir Menschen qua Menschen funktionieren.

So erhellt, daß das Grunddatum nicht der *Logos**, die Vernunft mitsamt ihren Verstehensstrukturen ist, sondern das *Pathos**, das Gefühl, die Fähigkeit zu Sym-pathie und Em-pathie, Zuwendung, achtsame Sorge und

Gemeinschaft mit dem Andersartigen. Aller Anfang ist das Gefühl. Das Gefühl macht uns sensibel für das, was um uns herum passiert. Das Gefühl macht uns Lust auf etwas oder läßt uns frustriert darüber sein. Das Gefühl verbindet uns mit den Dingen und läßt uns die Menschen in die Arme nehmen. Das Gefühl läßt uns in Anbetracht des Himmels wie verzaubert sein, weckt angesichts des Reichtums von Mutter Erde Regungen der Verehrung in uns und stimmt uns, die Schwäche eines Neugeborenen vor Augen, zu Empfindungen der Zärtlichkeit.

Wie lauten doch die Worte, die Antoine de Saint-Exupéry seinen ›Kleinen Prinzen‹ sagen läßt und die sich mittlerweile im kollektiven Bewußtsein von Millionen Lesern und Leserinnen eingenistet haben? »Nur mit dem Herzen sieht man gut. Das Wesentliche ist für die Augen unsichtbar.« Das Herz, also das Gefühl, macht Menschen, Sachen und Situationen wichtig für uns. Dieses tiefe Gefühl – wir wiederholen – heißt Achtsamkeit. Allein was durch die Schichten der Emotion in uns gegangen ist, was ein tiefes Gefühl ins uns geweckt oder uns zu achtsamer Sorge gestimmt hat, hinterläßt unauslöschliche Spuren in uns und bleibt für immer.

Das zeitgenössische Denken hat in der Tat die zentrale Bedeutung des Gefühls sowie die enorme Wichtigkeit von Zärtlichkeit, Mit-leiden und sorgfältiger Achtsamkeit wiederentdeckt. Zu nennen ist da vor allem die Tiefenpsychologie von Freud, Jung, Adler, Rogers und Hillman. Nicht unerwähnt bleiben dürfen aber auch die genetische Biologie und die anthropologischen Implikationen der Quantenphysik von Niels Bohr (1885–1962) und Werner Heisenberg (1901–1976).

Wenn René Descartes (1596–1650) sagen kann: *Co-*

gito, ergo sum – Ich denke, also bin ich, dann können wir mit um so mehr Recht sagen: *Sentio, ergo sum – Ich fühle, also bin ich.* Daß das Buch von Daniel Goleman ›Emotionale Intelligenz‹[9] weltweit zu einem Bestseller werden konnte, liegt daran, daß es auf der Grundlage empirischer Untersuchungen zum Gehirn und zur Neurologie bestätigt, was Plato (427–347 v. Chr.), Augustinus (354–430 n. Chr.), die Franziskanerschule um Bonaventura und Duns Skotus im 13. Jahrhundert sowie Denker wie Pascal (1623–1662), Schleiermacher (1768–1834) und Heidegger (1889 -1976) schon seit langem lehrten: daß die grundlegende Dynamik des Menschen das Pathos* sei, das Gefühl, die Achtsamkeit und die Logik des Herzens. So kommt denn auch Goleman zu dem Schluß, rationaler Geist brauche stets ein, zwei Augenblicke länger, um etwas zu registrieren oder auf etwas zu reagieren, als emotionaler Geist; der erste Impuls komme aus dem Herzen und nicht aus dem Kopf.

Nunmehr haben wir bessere Voraussetzungen, die mythologische Fabel des Hyginus* von der Sorge sachgerecht zu verstehen. Die Sorge ist so wesentlich, daß sie früher ist als der von Jupiter eingehauchte Geist und der von der Erde zur Verfügung gestellte Körper. Ist dem so, dann ist die Vorstellung, der Mensch sei ein Kompositum aus Geist und Körper, nicht ursprünglich. In der Fabel ist es die Sorge, die etwas vom daliegenden Lehm nimmt und daraus eine Figur modelliert. Die Initiative geht von der Sorge aus. Die Sorge ist also die erste, das ontologische* *a priori*. Die Sorge ist sozusagen die Hebamme der menschlichen Existenz. Doch Ursprung ist

9 Daniel Goleman, Emotionale Intelligenz, München (Hanser) 1996; als Taschenbuch: dtv 1997.

hier nicht nur zeitlich zu verstehen, sondern philosophisch, im Sinn von Quelle, aus der das Sein fortwährend entspringt. So will die Fabel sagen, für die Existenz des Menschen bilde besorgte Achtsamkeit so etwas wie eine Energiequelle, die zu jeder Zeit und unter jedweden Umständen ununterbrochen sprudle. Sorge ist jene ursprungsetzende Kraft, die den Menschen unentwegt erst entstehen läßt. Ohne Sorge wäre der Mensch nach wie vor nichts anderes als entweder ein Klumpen Lehm wie tausend andere Klumpen am Fluß oder ein engelgleicher Geist ohne Fleisch und ohne Ort in der geschichtlichen Zeit.

Sorgsam modelliert ›Sorge‹ den Menschen. Sie läßt es nicht an Hingabe, Zärtlichkeit, Besorgtheit, Gefühl und Herzlichkeit fehlen. Damit übernimmt sie aber auch Verantwortung und steht dem Wesen gegenüber, das sie da in die Welt setzt, in der Pflicht. Als echte konstitutive Prinzipien fließen diese Realitäten mit ein in die Erschaffung des Menschen. Sie werden Fleisch und Blut. Ohne sie wäre kein Mensch Mensch. Aus diesem Grund endet die mythologische Fabel des Hyginus auch damit, daß sie herausstellt, achtsame Sorge werde den Menschen zeit seines Lebens begleiten und ihm auf all seinen Wegen nahe sein.

Rollo May, ein nordamerikanischer Psychoanalytiker, der sich seit langem mit dem Drama der modernen Zivilisation befaßt, sagt deshalb sinngemäß: »Wir befinden uns in folgender Situation: In dem gegenwärtigen Wust von rationalistischen und technischen Ereignissen haben wir den Menschen aus dem Auge verloren. Der Mensch kümmert uns kaum noch. Schlicht und demütig müssen wir wieder Sorge und Achtsamkeit lernen. Der Mythos besorgter Achtsamkeit – und oft genug, glaube ich, er allein – wird uns die Kraft geben, Zynismus und Apathie zu widerstehen, welche ja die psychologischen Krankheiten par excellence unserer Tage sind.«

Wir kommen nicht umhin, mit der Diktatur der Daseinsweise Arbeit-Produktion-Unterdrückung in unserer Zivilisation Schluß zu machen. Wollen wir denn weiter Geiseln einer Logik sein, von der wir heute wissen, daß sie die Erde, einschließlich ihrer Ressourcen, nur kaputtmacht, daß sie die Beziehungen zwischen den Völkern ruiniert, das Gleichgewicht in den Interaktionen zwischen Kapital und Arbeit zerstört und unsere Spiritualität wie unseren Sinn dafür zunichte macht, daß uns alle ein gemeinsames Schicksal verbindet? Wenn uns heute Informatik und automatisierte Technik die Last schindender, ja entmenschlichender Arbeit abnehmen, könnte uns doch der ursprüngliche, anthropologische Sinn der Arbeit als Gestaltung der Natur und als schöpferische Betätigung wieder aufgehen. Arbeit, so verstanden, ist dann für den Menschen eine Möglichkeit der Selbstverwirklichung und der Findung von Sinngehalten, die uns immer dichter eins werden lassen mit der Dynamik von Natur und Universum.

Nichts mehr ohne Achtsamkeit! So zu leben wird uns aber nur dann möglich sein, wenn wir die Dimension der *anima** in uns fördern. Das jedoch bedeutet, daß wir in unserem inneren Haushalt volles Bürgerrecht der Fähigkeit einräumen müssen, des anderen bzw. der anderen gewahr zu werden, mit allen menschlichen und nichtmenschlichen Wesen, denen es schlecht geht, mit-zu-leiden und mehr der Logik des Herzens, der Herzlichkeit und der Hochherzigkeit zu folgen als der Logik der Eroberung und der utilitaristischen Nutzung der Dinge.

Achtsamkeit im Mittelpunkt unserer Existenz wohnen zu lassen heißt natürlich nicht, die Hände in den Schoß zu legen und Arbeit Arbeit sein zu lassen. Vielmehr heißt es, dem Willen nach Macht abzuschwören, weil dieser alles zu Objekten macht, die mit dem Menschen als Subjekt nichts mehr zu tun haben. Es heißt, der Besessenheit, Leistung zu erbringen, koste es, was es wolle, Schranken zu setzen. Es heißt, die Diktatur der kalten, abstrakten Rationalität vom Thron zu stoßen und Zuvorkommenheit einziehen zu lassen. Es heißt, die Arbeit zu organisieren in Einklang mit der Natur, mit ihren Rhythmen und ihren Fingerzeigen. Es heißt, die Gemeinschaft zu respektieren, in der alle Wesen miteinander wie mit uns stehen. Es heißt, die kollektiven Belange der Gesellschaft wie auch der biotischen und erdbezogenen Gemeinschaft höher zu schätzen als ausschließlich menschliche Interessen. Es heißt, sich auf Augenhöhe und an die Seite zu begeben mit jedem einzelnen Ding, dessen Verhältnisse wir so verändern wollen, daß es nicht mehr zu leiden braucht, daß es aus seinem Habitat nicht entwurzelt wird, daß es in seinen Entwicklungsverhältnissen verbleiben und in Harmonie mit seinen Ökosystemen* und mit der ganzen Erde koevoluieren* kann. Es heißt, die Gegenwart des Geistes auch jenseits der Grenzen des Menschen wahrzunehmen, im Weltall, in den Pflanzen und allen anderen Lebewesen, so zum Beispiel in Menschenaffen wie Gorillas, Schimpansen und Orang-Utans, die ja auch Gefühle, Sprachmuster und kulturelle Gewohnheiten haben, die den unseren ähnlich sind.

Dies also wäre das Gegengift gegen das Gefühl des Alleingelassenseins, das Arme und Alte spüren. Dies wäre das Medikament gegen die Achtlosigkeit, über die sich

Ausgegrenzte und Arbeitslose, Rentner und junge Leute im Blick auf ganz viele öffentliche Einrichtungen beklagen. Immer weniger gilt nämlich deren Sorge dem Menschen, immer mehr geht es ihnen um Wirtschaft und Finanzen, um Zinsen und Aktien, kurz: um das unbegrenzte Wachstum materieller Güter und Dienstleistungen. Doch all das haben sich die privilegierten Klassen an Land gezogen und damit Würde und Mit-leiden, die angesichts der Not der großen Mehrheit unerläßlich sind, böse ruiniert. Dies wäre der Ausweg, der die weitere Verwüstung der Biosphäre* und die weitere Zerstörung des ohnehin prekären Gleichgewichtszustands unserer Gaia* verhindern könnte. Dies wäre die Daseinsweise, die unser fundamentalstes Menschsein retten könnte.

VIII. VIELFACHES ECHO VON ACHTSAMKEIT

Als Daseinsform durchdringt achtsame Sorge die ganze Existenz des Menschen und verschafft sich in den verschiedensten lebenswichtigen Haltungen ihren Widerhall. Mittels Achtsamkeit und Sorge versuchen die Dimension des Himmels (Transzendenz) und die der Erde (Immanenz) zu Ausgleich und Ko-existenz zu kommen. Dasselbe ist aber auch im Reich anderer Lebewesen zu beobachten; denn alles, was lebt, will umsorgt sein, andernfalls würde es krank und ginge zugrunde. Da ist zum Beispiel der Tucunaré, einer der beliebtesten Fische in Brasilien. Männchen und Weibchen umhegen ihre Brut mit einer kaum vorstellbaren Hingabe. Am Grunde des Flusses graben sie ein Loch, das ihnen als Nest dient und um das herum sie ständig schwimmen, um die Jungen zu beschützen. Wenn diese anfangen, das Nest zu verlassen, begleiten sie sie fürsorglich und warnen sie, sich zu zerstreuen. Bei der geringsten Gefahr kehren sie mit der Brut zum Nest zurück. Verliert sich ein Kleines, nehmen die Alten es behutsam ins Maul und bringen es zur Gruppe zurück.

In diesem Kapitel möchten wir den Blick richten auf einige der vielen Formen, in denen sich sorgfältige Achtsamkeit sozusagen ein Echo verschafft. Es geht dabei um verwandte Begriffe, in die sich die Sorge hinein entfaltet und die die Sorge in verschiedene Konkretisierungen übersetzen. Sieben solcher Formen liegen uns besonders am Herzen: Liebe als biologisches Phänomen, das rechte Maß, Zärtlichkeit, Liebkosung, Herzlichkeit, heitere Gesellschaftsfähigkeit und Mit-leiden. Hinzunehmen könnte man Synergie, Gastfreundschaft, Höflichkeit und Liebenswürdigkeit. Doch die sind wohl in den zuvor genannten sieben Entfaltungen der Sorge enthalten.

1. LIEBE ALS BIOLOGISCHES PHÄNOMEN

›Liebe‹ ist eines der am meisten gebrauchten Wörter unserer Umgangssprache. Auch als zwischenmenschliches Phänomen ist Liebe ziemlich demoralisiert. Deshalb bedienen wir uns des Begriffs Liebe, wie ihn einer der größten Biologen unserer Zeit, Humberto Maturana, in hilfreicher Weise verwendet. Der chilenische Wissenschaftler betrachtet Liebe als ein biologisches Phänomen. Demnach vollzieht sich Liebe im Prozeß des Lebens, angefangen mit den primitivsten Ansätzen vor Milliarden von Jahren bis hin zu den komplexesten Bekundungen auf der Ebene des Menschen. Frage also: Wie kommt die Liebe ins Universum?

In der Natur sind zwei Arten zu beobachten, wie die Wesen mit ihrer Umgebung in Verbindung treten. Die eine ist zwangsläufig, die andere spontan. Die erste, zwangsläufige, besteht darin, daß alle Wesen – als notwendige Voraussetzung für ihr Überleben – sowohl untereinander in Verbindung stehen als auch an die sie umgebenden Ökosysteme angekoppelt sind. In der zweiten, spontanen Art der Anbindung geht es nicht ums Überleben. Die Wesen interagieren miteinander im Fluß des Lebens, weil es ihnen Spaß macht. Das Hin und Her zwischen den lebenden Wesen untereinander wie mit den organischen Systemen ist eine dynamische und wechselseitige Sache. Einen Grund dafür gibt es nicht. Das Ganze ist so, weil es so ist. Was hier passiert, ist ein Urereignis des Lebens in reinster Unableitbarkeit.

Sobald ein Wesen mit einem anderen eine Verbindung eingeht und damit so etwas wie Ko-existenz entsteht, bahnt sich Liebe im Sinne eines biologischen Phänomens an. Liebe will expandieren und sich in immer komplexere Formen kleiden. Eine dieser Formen ist natürlich auch die des Menschen. Doch diese ist nicht einfach spontan wie bei den anderen Wesen. Denn im Fall des Menschen handelt es sich um ein Projekt der Freiheit, das das Gegenüber bewußt mit offenen Armen aufnimmt und es möglich macht, daß Liebe zum höchsten Wert des Lebens werden kann.

Im Fluß der Dinge kommt es sodann zu Liebe in einem erweiterten Sinn, im Sinn von Sozialisierung. Doch Liebe ist die Grundlage des sozialen Phänomens und keine Folge daraus. Mit anderen Worten: Liebe ist die Mutter der Gesellschaft; es gibt Gesellschaft, weil es Liebe gibt und nicht umgekehrt, wie landläufig angenommen wird. Fehlt die Liebe (das heißt die Grundlage), ist alles Soziale dahin. Hat es dennoch Bestand, nimmt es die Form an von Zwangsvereinigung, von Herrschaft und Gewalt der einen über die anderen; und diesen bleibt dann nichts anderes übrig, als sich einzuordnen. Wo immer also Zusammenspiel und Gleichklang zwischen den Wesen zerstört werden, wird auch die Liebe zerstört, und damit die Fähigkeit zum Zusammenleben. Liebe ist immer ein Offensein für das andere, Zusammenleben und Gemeinschaft mit dem und der anderen.

Es ist ein Irrtum, anzunehmen, der Kampf ums Überleben sei der Grund, weshalb das Leben und die einzelnen Menschen bis heute Bestand gehabt hätten. Der Grund sind Zusammenarbeit und Ko-existenz. Die Hominiden vergangener Jahrmillionen entwickelten sich in dem Rhythmus zu Menschen, in dem sie die Erträge ihrer Ernten und Jagdzüge allmählich untereinander aufteilten und sich auch an ihren Gefühlen gegenseitig Anteil nehmen ließen. Gerade die Sprache, die ja das besondere Merkmal des Menschen ist, entstand im Rahmen dieser Dynamik von Liebe und Teilen.

Konkurrenz, betont Maturana nachdrücklich, ist damals wie heute gesellschaftsfeindlich; negiert sie doch implizit zumindest den anderen und will von Teilen und Liebe nichts wissen. Nun baut aber die moderne neoliberale Gesellschaft, vor allem was den Teilbereich des Marktes betrifft, auf Konkurrenz. Aus diesem Grund wirkt sie ausgrenzend, ist unmenschlich und fordert Opfer ohne Zahl. Mit dieser Logik ist das neoliberale Gesellschaftsmodell außerstande, Menschheit und Erde Glück und Zukunft zu bringen.

Und wie sieht menschliche Liebe aus? Maturanas Antwort auf die Frage: »Was das besonders Menschliche an der Liebe ist, ist nicht die Liebe, sondern was wir in Liebe als Menschen tun … ist die spezielle Art und Weise, wie wir als soziale Wesen sprachlich miteinander umgehen …; ohne Liebe sind wir keine sozialen Wesen.«

Liebe ist ein kosmisches und biologisches Phänomen. Sobald sie die Schwelle zum Menschlichen überschreitet, erweist sie sich als ein Projekt der Freiheit, als große Kraft des Zusammenhalts, der Sympathie, der Zugehörigkeit zu ein und demselben Schicksal und ein und desselben Weges durch die Geschichte.

Ohne wesenhafte Sorge und Achtsamkeit fügt Liebe

nichts und niemanden zusammen, und das Mit-, Für- und Ineinander der Wesen haben keinen Bestand, können nicht expandieren oder kommen erst gar nicht zustande. Ohne Zuwendung und Sich-kümmern gibt es keine Atmosphäre dafür, daß erblühen kann, was wirklich humanisiert: das tiefe Gefühl der Zusammengehörigkeit, der entschiedene Wille zum Teilen und das Streben nach Liebe.

2. DIE GOLDENE REGEL – DAS RECHTE MASS

Im vorigen Kapitel ging es um die Frage des rechten Verhältnisses zwischen der Daseinsweise Arbeit und der Daseinsweise Achtsamkeit. Wir hatten keinen Zweifel daran gelassen, daß die mundialisierte Kultur der Daseinsweise Arbeit zu einer bösen Schieflage geführt hat. Die Frage, die sich stellt, lautet: Wieviel Achtsamkeit müssen wir investieren, um das verlorene Gleichgewicht wiederzufinden? Die Frage ist sowohl für die Theorie als auch für die Praxis eine grundlegende Herausforderung.

Vorauszuschicken ist, daß in vielen Bereichen – von der Geometrie bis hin zur Religion – nach einem sinnvollen Maß gesucht wird. Gerade in der Ethik ist die Frage nach dem rechten Maß besonders virulent. Dabei geht es stets um das *relative Optimum*, um den Ausgleich zwischen dem Maximum und dem Minimum.

Auf der einen Seite mutet das Maß natürlich als etwas Negatives an, denn es setzt der Absicht des Menschen immerhin Grenzen. Deshalb verspüren wir auch mitunter den Willen, wenn nicht gar die Lust, Grenzen zu überschreiten bzw. uns um Verbote nicht zu kümmern. Auf der anderen Seite tut es einem aber auch gut, weil man das Empfinden hat, man sei durchaus imstande, naturgegebene gesellschaftliche und persönliche Fähigkeiten in maßvoller Form einzusetzen, damit sie einem um so länger erhalten bleiben und auch um so mehr bringen. Aber das ist nur möglich, wenn es zu einer gewissen Ausgeglichenheit bzw. einem gewissen rechten Maß kommt. Der Weg zum rechten Maß aber führt über die Anerkennung von Realitäten, über die demütige Hinnahme von Grenzen und über den bestmöglichen Umgang mit ihnen. Allein so werden Phänomene und Prozesse, die Erde ebenso wie die Gesellschaften und die Menschen, Nachhaltigkeit* und Zukunftsfähigkeit* zeigen können.

Doch wer sich um das rechte Maß bemüht, sieht sich zunächst mit einer Reihe leidiger Fragen konfrontiert. Wie etwa: Was ist denn überhaupt das rechte Maß? Wer legt fest, was das rechte Maß ist? Aufgrund welcher Erkenntnisquellen läßt sich das rechte Maß definieren? Ist denn das rechte Maß nicht eine ausgesprochen relative Sache, insofern es ja immer von der jeweiligen Kultur, von der betreffenden geschichtlichen Situation und von der besonderen persönlichen und kollektiven Subjektivität der Menschen abhängt? Und wer trägt die Verantwortung für das Einhalten des vereinbarten rechten Maßes?

Es ist nicht unsere Absicht, alle diese Fragen im einzelnen zu beantworten. Das würde zu weit führen. Wohl aber möchten wir sie in der folgenden Reflexion zumindest global ansprechen.

Auf vielen Wegen haben die Menschen versucht, das rechte Maß auszutarieren. In der Regel stützten sie sich dabei auf ein einziges Kriterium: auf die Natur, die universale Vernunft, die empirischen Wissenschaften, die Weisheit der Völker, die Religionen oder die göttliche Offenbarung, so wie sie in den heiligen Texten der jüdisch-christlichen Überlieferung, der Upanischaden* oder des Taoismus* vorliegt.

Heute indes setzt sich die Überzeugung durch, daß sich nichts durch eine einzige Ursache erklären (Monokausalismus) oder auf einen einzigen Faktor zurückführen läßt. Nichts ist linear und simpel. Alles ist komplex und geprägt von Inter-retro-Beziehungen und von Netzen des Hineingenommenseins. Aus diesem Grund müssen die verschiedenen genannten Anhaltspunkte zusammengenommen betrachtet werden. Gemeinsam bilden sie eine Brücke, über die wir zu ganzheitlicheren Lösungen kommen können. Jeder von ihnen beleuchtet einen Punkt und vermittelt eine Seite der Wahrheit. Weise ist, wer jeden dieser Ausschnitte als Teil eines strukturierten Ganzen betrachtet, ähnlich einem Mosaik aus Tausenden von farbigen Steinchen oder einer Stickarbeit aus einer Unzahl von bunten Fäden.

a. Rechtes Maß und Natur

Mit Natur bezeichnen wir das Gesamt von organischen und anorganischen Wesen, von Energien, Energiefeldern und morphogenetischen Reizen, die alle zusammen strukturierte Systeme bilden; diese wiederum sind Teile größerer Systeme; keine Rolle spielt, ob sie von menschlicher Seite beeinflußt sind oder nicht; wichtig ist nur, daß sie ein organisches, dynamisches und nach Gleichgewicht strebendes Ganzes ausmachen. Der Mensch ist Teil, ja Teilchen der Natur und steht mit ihr in einem ausgeklügelten Netz von Beziehungen, aufgrund dessen er – im Zusammenspiel mit den Steuerungskräften der Erde – Ko-Pilot ist im Prozeß der Evolution.

Doch die Natur ist eine dermaßen komplexe und umfassende Realität, daß sie sich unmöglich in eine einzige Definition einfangen läßt. Was Natur im tiefsten ist, bleibt ein Geheimnis, wie auch das Sein und das Nichts Geheimnisse sind. Was uns zur Verfügung steht, sind kulturelle Diskurse über die Natur. Wir denken an antike Philosophen, an den Hinduismus* in Indien, den Taoismus* in China, den Zenbuddhismus* in Japan, an die moderne kopernikanische Wissenschaft, aber auch an die Quantenmechanik*, die Theorie der offenen Systeme, die Erb- und die Molekularbiologie und an die neue Kosmologie* auf der Grundlage der Erdwissenschaften. Wir sind von allen diesen Verständnisformen durchaus beeinflußt, am meisten aber verdanken wir der letztgenannten Interpretation. Von jeder einzelnen dieser Betrachtungsweisen hängt aber ab, welche Art von Natur man bewahren zu sollen meint.

Betrachtet man die Natur, dann springt einem, so chaotisch die Formen und so schwer durchschaubar die Komplexitätsgrade auch sein mögen, sofort ins Auge ein allem innewohnendes Maß, das nicht aus den einzelnen, unterschiedlichen Teilen resultiert, sondern aus dem organischen, lebendigen Ganzen. Gemeint sind Harmonie und Gleichgewicht. Doch weder das eine noch das andere sind biozentriert, beziehen sich also allein auf das Leben, sondern beide betreffen das dynamische Gleichgewicht zwischen Leben und Tod.

Jüngste Denkmodelle besagen, die Natur erwachse aus einem gewaltigen Evolutionsprozeß, der aber als weiter zu verstehen ist denn die Begriffsbeschreibung von Evolution, wie Charles Darwin (1809–1882) sie vorgelegt hat. Für Darwin beschränkte sich die Evolution im wesentlichen auf die Biosphäre. Heutige Denker, Vertreter der sogenannten synthetischen Evolutionstheorie, begreifen Evolution als ein universales Phänomen: Seit dem Urknall befinde sich das ganze Weltall in Entwicklung. Doch diese sei kein linearer Prozeß, sondern mache Sprünge, kenne Fluktuationen* und Spaltungen. Die Natur expandiere nicht nur, sondern schaffe auch neue Möglichkeiten. So gesehen, seien die Naturgesetze nichts Deterministisches, sondern besäßen Wahrscheinlichkeitscharakter.

Die Thermodynamik* hat gezeigt, daß sich das Leben wie überhaupt jedes Novum im All aus einer gewissen Verschiebung, wenn nicht Zerstörung des Gleichgewichts ergibt. Das Abhandengekommene des Maßes, auch wenn es nur momentan ist, bringt die Selbstorganisierung* (Autopoiesis*) in Gang, die für eine neue Stabilität und ein neues dynamisches Gleichgewicht sorgt. Dieses ist dynamisch, weil es sich unentwegt neuschafft, nicht indem es das alte Gleichgewicht wiederherstellt, sondern indem es mittels Dialog mit der Umgebung und einem neuen Sich-anpassen-daran ein neues Gleichgewicht herstellt. Die Logik, der die Natur im Evolutionsprozeß folgt, ist dann die: Organisierung – Zerbrechen des Gleichgewichts – neue Beziehung – neues Gleichgewicht – neue Organisierung und so immer weiter.

Damit ist nicht gesagt, die Natur besitze kein Maß (keine Naturgesetze). Nur, das Maß, das sie besitzt, ist keine statische und mechanische, sondern eine dynamische und fluktuierende Sache, die gekennzeichnet ist von Konstanten und Variationen. Phasen des Bruchs öffnen sich sofort wieder für Strecken neuer Regelmäßigkeit. So zum Beispiel erlebte das Klima der Erde, die ja inzwischen 3,8 Milliarden Jahre alt ist, Turbulenzen und schreckliche Verwüstungen. Auch wenn es auf unserem Planeten in der Vergangenheit schon fast doppelt so warm war wie heute, demonstrierte die Erde im Laufe ihrer Jahrmillionen dauernden Geschichte doch ein unglaublich dynamisches Gleichgewicht, das allen Lebensformen ausgesprochen gutgetan hat.

Die – als Ganzes verstandene – Natur macht keine Vorschriften. Wohl aber weist sie Tendenzen und Regelmäßigkeiten auf, die in diese oder jene Richtung gehen können. Dann aber ist es Aufgabe des Menschen, eine solche Sensibilität zu entwickeln, daß er die Tendenzen auch wahrnimmt und entsprechend seine Entscheidungen trifft. Die Natur nimmt ihm die Entscheidung nicht ab und entläßt ihn nicht aus seiner Freiheit. Erst indem der Mensch beides ernst nimmt, erweist er sich als ethisches Wesen.

Die Möglichkeit, daß der Mensch als bewußtes und verantwortungsvolles Wesen eingreifen und etwas schaffen kann, ist ein Datum der Natur. Wie die Natur fortwährend nach einem Maß strebt, es herstellt und dynamisch auch wieder verändert, genauso muß sich der Mensch um das rechte Maß kümmern. Nicht ein für allemal, sondern stets in Einklang mit dem, was gerade in der Natur und in ihm selbst passiert. Das rechte Maß ändert sich; was sich nicht ändert, ist das Bemühen um das rechte Maß.

Nicht vergessen dürfen wir schließlich, daß der globale Prozeß einem Pfeil der Zeit folgt, immer vorwärts und immer nach oben, und daß es, je mehr der Prozeß vorankommt, desto weniger Selbstkopien und desto weniger Klonungen, wohl aber desto größere Vielfalt gibt.

Die Maße fallen mal so und mal so aus, aber jedes Maß dient einem höheren Ziel, dem Ziel, den Pfeil der Evolution vorwärtszutragen.

b. Rechtes Maß und Pathos

Wie wird sich der Mensch des multidimensionalen Maßes der Natur inne? Mit rationalem Wissen allein kommt er da nicht weit, auch nicht mit dem ergebenen Willen, die Regelmäßigkeiten herauszufinden, aber Kreativität und Freiheit draußen vorzulassen, mögen diese noch so markante Charakteristika des Menschen sein. Gefragt sind eine achtsame Haltung des Hinhörens sowie ein tiefes Gefühl der Identifizierung mit der Natur, mit ihren Veränderungen und ihren konstant bleibenden Elementen. Der Mensch muß sich als Natur fühlen. Je tiefer er in die Natur eintaucht, desto deutlicher spürt er, wann er sich verändern und wann er an etwas in seinem Leben und in seinen Beziehungen festhalten muß.

Die Urvölker unseres Erdteils geben uns das beste Beispiel dafür, wie wir uns von der Natur etwas sagen lassen müssen. Kraft einer tiefgreifenden Verwandtschaft mit ihr, mit Erdboden und Regen, mit Wolken und Winden, mit Wasser und Wald, mit Pflanzen und Tieren wissen sie unmittelbar, was passieren wird und wie sie sich da zu verhalten haben. Als Söhne und Töchter der Erde, ja als sprechende und denkende Erde selbst leben sie in einer solch dichten Einheit mir ihr, daß ihnen sofort klar ist, was in der Natur geschehen wird. Besser noch: Die Natur spricht mit ihnen und durch sie.

Untersuchungen in großen europäischen und nordamerikanischen Zentren haben zutage gefördert, daß ein höherer Kenntnisstand über ökologische Krisen und Erkrankungsgrad unseres Globus nicht zwangsläufig zu einer neuen Einstellung, das heißt zu größerer Hochachtung und tieferer Verehrung der Erde führt. Je intensiver jemand an der Zerstörung der Umwelt leidet, desto mehr empört ihn auch das Leiden der Tiere, desto entschiedener revoltiert er auch gegen die Vernichtung der Grünflächen der Erde, desto überlegter entwickelt er auch eine neue Haltung des Mit-leidens, der zärtlichen Zuwendung zur Natur und des Schutzes für sie, und desto nachhaltiger wird er zum Anhänger einer neuen kosmischen Spiritualität.

Ein weiteres Mal geht uns hier auf, daß Pathos* - verstanden als tiefes Mit-leiden – die Wurzel ist, aus der das neue Paradigma* des Zusammenlebens mit der Erde sprießt. Das Hinhören auf die Erde und die Leidenschaft für sie sind Mutter und Vater der wesenhaften Sorge. Ohne ein solches sorgfältiges Lauschen werden wir nie die große Stimme der Erde vernehmen, wie sie uns einlädt zu Synergie*, Mit-leiden und friedlicher Ko-existenz mit allen Wesen.

Eine solche Einstellung braucht zum Beispiel, wer sich mit Biotechnik befaßt, einem der am weitesten fortgeschrittenen Wissenschaftsbereiche. Was ist das rechte Maß, wenn es um das Eingreifen in den genetischen Kodex des Menschen geht? Geschrieben steht nirgends etwas dazu. Also bleibt dem Menschen nichts anderes übrig, als aus tiefer Einfühlung für das Leben und aus überzeugter Gemeinschaft mit ihm das notwendige Maß festzulegen. Ein Biotechniker, der mit der Absicht, genetische Experimente durchzuführen, sein Labor betritt, als beträte er ein Gotteshaus, und die Experimente dann auch durchführt, als feiere er eine Liturgie – immerhin ist das Leben ja eine geheimnisvolle, heilige

Sache und heischt eine solch ehrfurchtsvolle Einstellung –, spürt sofort, mehr als einfach zu wissen, was er zu tun und was er zu lassen hat. Das Gefühl dieses Mannes oder auch dieser Frau ist durchdrungen von Sorge und Achtsamkeit, von Verantwortung und Mit-leiden. Wer solch ein Pathos* in sich spürt, kann es nur für absurd erachten, mit dem neuen genetischen Wissen Geschäfte machen zu wollen, als wäre das Leben eine simple Ware auf dem Markt von Angebot und Nachfrage.

Die Haltung sorgfältiger Einfühlung muß die Dimensionen der Kultur annehmen. Dazu freilich bedarf es eines pädagogischen Prozesses, der sich nicht mit einer formellen Schulbildung zufrieden gibt, sondern alle Institutionen qualifiziert und zu einem neuen Bewußtseinsstand führt des Verbundenseins mit der Erde und allem, was darauf existiert und lebt.

Ebenso herrlich wie treffend heißt es im Psalm: Wir fühlen uns nur als »Gäste auf der Erde« (119,19), näherhin als ehrfürchtige Gäste der hochherzigen Gastgeberin Erde. Deshalb hinterlassen wir das gemeinsame Haus auch so, daß andere Gäste, die nach uns kommen, sich in ihm wohlfühlen können.

3. VITALE ZÄRTLICHKEIT

Vitale Zärtlichkeit und wesenhafte Sorge meinen ein und dasselbe. Zärtlichkeit ist eine Gemütsbewegung in Richtung bestimmter Menschen, in Verbindung mit Besorgtheit und Achtsamkeit gegenüber existentiellen Befindlichkeiten. Zärtlichkeit ist ein Wissen jenseits von Vernunft, das die Dinge intuitiv wahrnimmt, bis tief ins Innere schaut und Gemeinschaft stiftet. Zärtlichkeit ist

Besorgtheit ohne Besessenheit. Zwar schließt sie auch Arbeit mit ein, aber diese Arbeit ist keine utilitaristische Produktion, sondern Werk und Ausdruck der Kreativität und der Selbstverwirklichung des Menschen. Zärtlichkeit hat nichts mit Verweiblichung oder einem Verzicht auf stringentes Denken zu tun.

Sie ist eine Gemütsbewegung, die auf ihre Weise erkennt und weiß, worauf es ankommt. Denn in der Tat erkennt man nur gut, wofür man auch ein Gefühl hat; man erkennt nur gut, wenn man sich dem, was man wissen und erkennen will, auch zugetan fühlt. Zärtlichkeit kann und muß zusammengehen mit äußerstem Einsatz für die Sache, die einem am Herzen liegt. Überzeugendstes Beispiel dafür ist der Revolutionär Che Guevara (1928–1967). Von ihm stammt der inspirierende Satz: *»Hay que endurerecer, pero sin perder la ternura jamás – Härte ist unerläßlich, aber keine Härte ohne Zärtlichkeit.«*

Zärtlichkeit sprießt aus der simplen Tatsache, daß wir in der Welt nur zusammen mit anderen existieren. Deshalb existieren wir nicht einfach, wir ko-existieren, das heißt: Wir können mit den uns unmittelbar umgebenden Dingen nur zusammen-leben, ja kom-munizieren. Wir spüren, daß wir in einer fundamentalen Verbindung stehen mit dem Gesamt der Welt. Aber dieses Gefühl ist mehr als eine psychologische Regung, es ist eine existentiale Seinsweise, die das ganze Sein durchwirkt. Übersteigerte Konzentration jedoch auf das Gefühl führt zu Sentimentalität, wobei Sentimentalität das Produkt schlecht integrierter Subjektivität ist. Der in Sentimentalität gefangene Mensch beugt sich über sich selbst und zelebriert seine Empfindungen. Ganz anders Zärtlichkeit: Zärtlichkeit erblüht, wenn der

Mensch von sich absieht, auf den anderen Menschen zugeht, das Gegenüber in seinem Anderssein erlebt, an seinem Sosein Teil gewinnt und sich von seiner Lebensgeschichte anrühren läßt. Das Gegenüber prägt den Menschen. Der Mensch verweilt im anderen bzw. in der anderen, nicht aufgrund der Gefühle, die in ihm entstehen, sondern aufgrund von Liebe, aufgrund des Gefallens, das er am Gegenüber empfindet, und aufgrund der Wertschätzung, die er für dessen Leben und Einsatz entwikkelt.

Gesagt werden muß noch unbedingt, daß das Verhältnis der Zärtlichkeit keine Angst kennt, denn ein Streben nach Vorteil oder Unterwerfung hat keinen Platz in ihm. Von Zärtlichkeit angerührt sein ist die Kraft des Herzens, ist der gewaltige Wunsch, alle Wege gemeinsam zu gehen. Die Angst des anderen ist meine Angst, sein Erfolg ist mein Erfolg, sein Heil bzw. sein Verderben ist mein Heil und mein Verderben, präziser gesagt: nicht nur mein Heil, sondern das Heil aller Menschen.

Von Blaise Pascal stammt eine wichtige Unterscheidung, die uns helfen kann, Sorge und Zärtlichkeit zu verstehen. Gegen den *Esprit de géometrie* setzt der französische Philosoph und Mathematiker des 17. Jahrhunderts den *Esprit de finesse.*

Esprit de finesse ist der Geist der Feinheit und der Einfühlung, der Sorge und der Zärtlichkeit. Geist ist nicht nur eine Sache des Denkens und der Logik. Geist ist mehr, insofern er über Vernunft und Denkvermögen hinaus Sensibilität und Intuition, aber auch die Fähigkeit zur Einheit beinhaltet. Der *Geist der Feinheit* gebiert dann die Welt der herausragenden Besonderheiten, der großen Bedeutungen, der Werte und des Engagements, für die es sich lohnt, Energie und Zeit einzusetzen.

Der *Esprit de géometrie* dagegen ist der Geist der Kalkulation und der Leistung. Ihm liegt an Effizienz und Macht. Der *Geist der Geometrie* ist die Seinsweise, die in der Moderne den Ton angab. Alles, was mit Gefühl, mit Zuneigung und wesenhafter Sorge zu tun hat, wies er von sich, und belegte er mit massivem Verdacht. So entstand eine schreckenerregende Leere in unserer »geometrischen« Kultur, voller schriller Sensationen, aber ohne tiefe Erfahrungen, voller Datenbanken technischen Wissens, aber mit nur mäßiger Weisheit, mit einem Wahnsinnskaliber an Muskelkraft und Sex, an Zerstörungsmechanismen und Serienkillern, aber ohne Achtsamkeit und Zärtlichkeit gegenüber der Erde, gegenüber ihren Söhnen und Töchtern, gegenüber der einen allen gemeinsamen Zukunft.

4. WESENHAFTE LIEBKOSUNG

Liebkosung ist eine der intensivsten Bekundungen von Achtsamkeit und Sorge. Daß wir es dabei vorziehen, von wesenhafter Liebkosung zu sprechen, hängt an unserem Bemühen, diese von einfacher psychologischer Erregung abzugrenzen. Liebkosung im Sinne von Erregung involviert nicht den ganzen Menschen. Wesenhafte Liebkosung entspricht dagegen einer Haltung oder einer Seinsweise, die den Menschen in seiner Gesamtheit erfaßt, in seiner Psyche und seinem Denken, in seinem Willen und seinem ganzen Inneren ebenso wie in allen Beziehungen, in denen er steht und die er aufnimmt.

Das Organ der Liebkosung ist im wesentlichen die Hand – die Hand, die berührt und streichelt, die Beziehung herstellt, wärmt und beruhigt. Aber Hand ist nicht

Hand. Denn mittels der Hand und in der Hand offenbart sich der Mensch in seiner liebevollen Existenzweise. Die Liebkosung rührt an die Tiefe des Menschen, an die Stelle, an der der Mittelpunkt der Person wohnt. Damit die Liebkosung wirklich wesenhaft sein kann, muß sie jedoch das Tiefen-Ich und nicht einfach das Oberflächen-Ego des Bewußtseins streicheln.

Die Liebkosung, die aus dem Mittelpunkt geboren wird, schafft Ruhe, Integration und Vertrauen. Das ist der Sinn des Kosens. Eine Mutter, die ihr Kind streichelt, vermittelt ihm die orientierungstiftendste Erfahrung, die man sich denken kann: das grundlegende Vertrauen, daß die Dinge und das All gut sind, daß im Grunde alles einen Sinn hat, daß Friede und nicht Konflikt das letzte Wort ist und daß keiner von uns draußen vor zu bleiben braucht, sondern daß wir alle im großen Mutterschoß geborgen sind.

Wie die Zärtlichkeit, so fordert auch die Liebkosung uneingeschränkten Altruismus, Achtung vor dem anderen und Verzicht auf jedes Ansinnen, das etwas anderes wollte, als daß das Gegenüber Wohlwollen und Geliebtsein erführe. Dem Partner oder der Partnerin zart die Haut streicheln, damit ist es nicht getan; worauf es ankommt, ist, mittels Hand und Haut in ihn oder in sie herzliches Zugetansein und Liebe zu investieren.

Zuneigung braucht Liebkosung, Zärtlichkeit und Achtsamkeit. Wie ein Stern des Lichthofes bedarf, um zu strahlen, so braucht Zuneigung der Liebkosung, um zu überleben. Haut und Haar, Hände und Gesicht, Schultern und intime Geschlechtszonen liebkosen, das alles läßt Zuneigung und Liebe greifbar werden. Daß die Liebkosung das gerade ist, bewahrt sie vor Lüge, Falschheit oder Zweifelhaftigkeit. Wesenhafte Liebkosung ist leicht wie das sanfte Öffnen der Tür. Liebkosung bewahrt davor, gewaltsam Türen oder Fenster aufzustoßen, will sagen: in den Intimbereich eines Menschen einzudringen.

Treffend hat der kolumbianische Psychiater Luis Carlos Restrepo gesagt: »Die Hand, das Glied par excellence des Menschen, eignet sich gleichermaßen dazu, zu liebkosen wie festzuhalten. Die Hand, die liebkost, und die Hand, die festhält, sind zwei äußerste Seiten von Möglichkeiten der zwischenmenschlichen Begegnung.« Im Zusammenhang unserer Überlegungen verkörpert die Hand, die festhält, die Daseinsweise Arbeit. Einen Menschen oder ein Ding festhalten oder sich daran klammern bedeutet, darüber Macht haben, es nach eigener Lust und Laune manipulieren und in seine eigenen Kategorien pressen. Die Hand, die streichelt, steht dagegen für die Daseinsweise Achtsamkeit und Sorge. Denn »Liebkosung ist wie eine mit Geduld parfümierte Hand, die berührt, ohne festzuhalten, und losläßt, damit, wem sie begegnet, sein kann, was er, was sie ist«.

5. GRUNDLEGENDE HERZLICHKEIT

Das rechte Maß, vitale Zärtlichkeit, wesenhafte Liebkosung und grundlegende Herzlichkeit sind existentiale Qualitäten, das heißt: strukturgebende Formen des Menschen im Blick auf das, was ihn zum Menschen macht. Die Sorge mit dem Gefolge der verschiedenen Gestalten ihres Widerhalls ist der Baumeister unseres Menschseins. Ähnliches gilt für die Herzlichkeit, auch wenn sie in der brasilianischen Kultur falsch interpretiert wird, seit sie Ende der dreißiger Jahre als soziologisch-analytische Kategorie eingeführt wurde.

In der Regel versteht man unter Herzlichkeit einen Ausdruck des Gefühls im psychologischen Sinn und im Gegensatz zur Vernunftbegabtheit des Menschen. So heißt es, Brasilianer seien herzlich. Und das stimmt ja auch. Brasilianerinnen und Brasilianer legen in die Dinge oft mehr Herz als Verstand. Aber Vorsicht! Herz und Gefühl können sowohl zu vornehmem Umgang, zu Gastfreundschaft und lustvollem Überschwang führen wie zu Gewaltausbrüchen und Haßtiraden, wie man sie bei einigen Familien von Zuckerbaronen im Nordosten des Landes antrifft. Doch diese Widersprüche charakterisieren weniger die Schichten des einfachen Volkes als die Eliten der Nation; denn diese »kastrierten das brasilianische Volk ununterbrochen und ließen es zur Ader in einem zu« (Capistrano Abreu).

Wenn wir Herzlichkeit als Echo von Sorge und Achtsamkeit bezeichnen, dann denken wir in eine andere Richtung. Für uns ist das Herz eine Dimension des Geistes der Feinheit, der unmittelbar zu erfassen vermag, was Menschen und Dinge an Werten in sich tragen. Entscheidend sind nicht die Fakten. Entscheidend ist die Bedeutungsresonanz, welche die Fakten in mir hervorrufen und womit sie mich bereichern und verändern. Es geht um die Dimension des Wertes, dessen, was für mich zählt und Gewicht hat und was mich mehr als alles andere interessiert. Der Wert jedoch macht aus den Tatsachen Symbole und Sakramente. Damit aber hören die Tatsachen auf, einfach Fakten in Gegenwart oder Vergangenheit zu sein; sie werden zu Trägern von Verweis, Bedeutung und Erinnerung.

Das Besondere des Herzens besteht darin, die wert-

und würdemäßige Dimension des Seins in seiner Gesamtheit wie in seinen greifbaren Manifestationen zu erspüren. Herzlichkeit ist dann eine Umschreibung für jene Daseinsweise, welche entdeckt, daß in jedem Ding, in jedem Stein, in jedem Stern und in jedem Menschen ein Herz schlägt. Der Kleine Prinz sagt treffend: »Nur mit dem Herzen sieht man gut.« Das Herz vermag durch die Dinge hindurchzuschauen, ahnt ihre Verknüpfungen mit dem Gesamt, gewahrt Bedeutungen und entdeckt Werte. Herzlichkeit setzt die Fähigkeit voraus, das Herz des anderen zu spüren – und das verborgene Herz aller Dinge. Ein herzlicher Mensch hört hin, hängt mit dem Ohr an den Dingen, geht voller Aufmerksamkeit durch die Welt und läßt es nirgends an Achtsamkeit mangeln.

In Lateinamerika ist es vor allem die Náhuatl-Kultur der mexikanischen Azteken, in der das Herz eine besondere Rolle spielt. In der Náhuatl-Kultur wird der Mensch nicht wie in der westlichen Überlieferung als *animal rationale*, als *vernunftbegabtes Tier* definiert, sondern als *Herr eines Gesichtes und eines Herzens*. Das Gesicht identifiziert den Menschen, insofern er sich von anderen Menschen unterscheidet. Mittels des Gesichtes treten die Menschen in ein ethisches Verhältnis zueinander. Im Gesicht des anderen lese ich, ob ich ihn annehmen kann oder ob ich ihm mißtrauen oder ihn gar vor die Tür setzen muß. Das Herz dagegen definiert die Seinsweise und die Natur des Menschen, das Lebensprinzip, aus dem alles, was er tut, erwächst.

In der Erziehung, auf die die Azteken größten Wert legten und von der wir herrliche Textbelege überliefert haben, war es das Ziel, zu erreichen, daß die jungen Menschen ein klares, gütiges Gesicht erhielten, ohne Schatten, verbunden mit einem starken, warmen, bestimmten, gastfreundlichen, solidarischen und gegenüber allen Dingen achtsamen Herzen. In den Augen der Azteken war das Herz der Mutterschoß der Religion, und die Religion bediente sich zur Verehrung der Gottheiten »der Blume und des Gesangs«. In alles, was die Azteken taten, legten sie ihr Herz. Gerade die Kunstwerke, die sie schufen, strahlen etwas von dieser Herzlichkeit aus. Als der große deutsche Renaissancemaler Albrecht Dürer 1520 Kunstgegenstände zu sehen bekam, die Hernán Cortés Karl V. mitgebracht hatte, schrieb er in sein Tagebuch: »Noch nie in meinem ganzen Leben habe ich etwas gesehen, das mein Herz so erfreut hätte wie diese Dinge. In ihnen bin ich herrlichen Kunstwerken begegnet, und ich kann nur staunen darüber, welch subtile Genialität die Menschen fremder Länder an den Tag legen.« So hallt auch in den Kunstgegenständen der Azteken etwas wieder von der Achtsamkeit und dem Mit-leiden, die sie im Leben insgesamt pflegten.

6. UNERLÄSSLICHE KONVIVIALITÄT

Hand in Hand mit Herzlichkeit geht Konvivialität. Von dem 1926 in Wien geborenen Ivan Illich, der viel mit der spanischsprachigen Bevölkerung in den USA und dann auch direkt in Lateinamerika gearbeitet hat und schließlich zu einem der großen Propheten unseres Erdteils wurde, stammt der Begriff der ›Konvivialität‹. Mittels Konvivialität versucht Illich, eine Antwort zu finden auf die beiden Krisen der Gegenwart, die freilich aufs engste miteinander zu tun haben: auf die Krise des Industrialisierungsprozesses und auf die ökologische Krise.

Zunächst eine Anmerkung zur Krise des Industrialisierungsprozesses. Der Umgang des Menschen mit dem Werkzeug kehrte sich um zur Herrschaft des Werkzeugs über den Menschen. Mit dem Zweck in die Welt gesetzt, den Sklaven abzuschaffen, machte sich schließlich, als Massenproduktion der Maßstab wurde, das technologische Gerät den Menschen zum Sklaven. Auf den Plan trat eine seelenlose Apparategesellschaft. Die gegenwärtig herrschende Industrieproduktion hat nichts mehr zu tun mit der Phantasie und der schöpferischen Gestaltungskraft der Arbeiter und Arbeiterinnen. Was gefragt ist, ist allein die Arbeitskraft, ob des Armes, ob des Verstandes. Wird Kreativität gefördert, dreht es sich bloß noch um die totale Qualität – im Fachjargon: um die *total quality* - des Produktes, die indes mehr dem Unternehmen etwas bringen soll als dem Arbeiter.

Trotzdem sehen wir ein Zeichen der Zeit darin, daß sich viele Unternehmer dieser Verzerrung bewußt werden und sich nicht mehr an der Entmenschlichung der Industriegesellschaft vorbeimogeln. Deshalb steht in zahlreichen Unternehmen mittlerweile auch die Diskussion über ein neues Paradigma* auf der Tagesordnung – über ein Paradigma von Rück-bindung, Subjektivität, Spiritualität und von Beziehungen der Kooperation und der Synergie* zwischen allen, zwischen Unternehmern und Mitarbeitern.

Was heißt Konvivialität? Konvivialität bezeichnet die Fähigkeit, die Dimensionen von Produktion und achtsamer Sorge, von Leistung und Mit-leiden zusammenzubringen. Konvivialität bezeichnet, daß wir bei allem, was wir produzieren, behutsam ans Werk gehen und Kreativität, Freiheit und Phantasie walten lassen. Konvivialität bezeichnet die Kunst, Gesellschaft und Natur in ein multidimensionales Gleichgewicht zu bringen und den Sinn für ein gegenseitiges Aufeinanderangewiesensein zu stärken.

Sinn und Zweck von Konvivialität ist, den technischen Wert der materiellen Produktion mit dem ethischen Wert von sozialer und spiritueller Produktion Hand in Hand gehen zu lassen. Nachdem wir die Ökonomie der materiellen Güter auf die Beine gestellt haben, müssen wir uns nunmehr dringend um die Ökonomie der menschlichen Qualitäten kümmern. Ist denn nicht etwa der Mensch das große, grenzenlose, unerschöpfliche Kapital?

Menschliche Werte wie Sensibilität, Achtsamkeit, Verehrung und Lust am Zusammenleben bzw. Konvivialität sind in der Lage, der Gier nach Macht, Herrschaft, Produktion und Ausbeutung Schranken zu setzen.

Zum zweiten ist Konvivialität als eine letzte Antwort zu verstehen auf die ökologische Krise, in die uns der Industrialisierungsprozeß der letzten vier Jahrhunderte gestürzt hat. Daß die Umwelt seitdem in verantwortungsloser Weise ruiniert wurde, führt möglicherweise auch zu einer dramatischen Verwüstung des Systems Erde, einschließlich sämtlicher Organisationen, die es ausmachen.

Solch ein Szenarium ist alles andere als unwahrscheinlich. Erinnert sei nur an den Börsenkrach an der New Yorker Wall Street im Jahr 1929. Damals handelte es sich lediglich um eine partielle Krise des kapitalistischen Systems. Heute dagegen droht eine globale Krise der Strukturen. Sollte aber das ganze Ding zusammenbrechen, wird die erste Reaktion des herrschenden Systems ohne Zweifel die sein, die Kontrolle in planetarischen Maßstäben auszudehnen und massiv Gewalt einzusetzen, um den Produktionsprozeß und das Finanzsystem aufrechtzuerhalten. Doch wird das Vorgehen kaum die Krise mildern, sondern eher noch verschärfen, weil es die Arbeitslosigkeit des technischen Personals anschwellen und die politischen Vorstellungen, wie die Opfer in die eine Weltgesellschaft zu integrieren seien, scheitern läßt.

Illich meint nun, die Krise könne Dimensionen einer apokalyptischen Katastrophe annehmen. Ebenso könne sie aber auch eine einzigartige Chance bieten, den Einsatz der technologischen Instrumente im Sinn von Konvivialität zu definieren und sie in den Dienst an der Bewahrung des Planeten zu nehmen, am Wohl der Menschheit und an der Zusammenarbeit der Völker.

Um aber dahin zu kommen, muß die Menschheit wohl durch einen unheimlichen Karfreitag hindurch, indem die Diktatur der Daseinsweise Arbeit zum Zweck der materiellen Produktion vom Thron gestürzt wird. Nur so wird es ein Ostern der Wiederherstellung einer Weltgesellschaft auf der Grundlage der Achtsamkeit geben können.

Paragraph Eins des neuen Gesellschaftspaktes zwischen den überlebenden Völkern wird die heilige Pflicht festlegen zur Selbstbeschränkung und zum Leben nach dem rechten Maß, in Ehrfurcht vor dem Erbe, das uns vom Universum zuteil geworden ist, in wesenhaft zärtlichem Umgang mit den Menschen und in Hochachtung auch vor allen anderen Wesen der Schöpfung. Die Produktion wird konvivial sein, insofern sie den Menschen das Nötige zur Stillung ihrer Bedürfnisse und das Angemessene zur Verfolgung solidarischer Vorhaben liefert. Die Menschen werden es gelernt haben, den technologischen Werkzeugkoffer als Mittel und nicht als Ziel zu gebrauchen und in Ehrerbietung und Hochachtung mit allen Dingen zusammenzuleben, als wären sie ihre Brüder und Schwestern.

Sollte dieses selige Ereignis tatsächlich eintreffen, wird uns das neue Jahrtausend in der Tat ein neues Zivilisationsparadigma bringen, in dem das Leben endlich in Gerechtigkeit und Geschwisterlichkeit unter allen wirklich gedeihen kann.

7. RADIKALES MIT-LEIDEN

Mit dieser letzten Entfaltung der Achtsamkeit – mit dem radikalen Mit-leiden – betrachten wir einen großen Beitrag, vielleicht den größten Beitrag, den der Buddhismus der Menschheit vererbt hat. Radikales Mit-leiden gilt als persönliche Tugend des Buddha, dessen eigentlicher Name Siddhartha Gautama war und der von ca. 560 bis 480 v. Chr. gelebt hat. Das Mit-leiden gehört zur Grunderfahrung des Buddhismus und verbindet zwei verschiedene, sich aber ergänzende Bewegungen miteinander: die völlige Entsagung von der Welt mittels Askese und den achtsamen Umgang mit ihr mittels Mit-leiden. Durch Entsagung befreit sich der Mensch aus der Sklaverei des Wunsches nach Besitz und Akkumulation. Durch Achtsamkeit vollzieht er eine affektive Rück-bindung an die Welt und weiß sich in Verantwortung ihr gegenüber.

Mit-leiden ist keine geringere Form von Mitleid mit Leidenden. Mit-leiden ist keine passive, sondern eine höchst aktive Angelegenheit. Mit-leiden ist, wie allein schon die Wortgeschichte zeigt, die Fähigkeit des Menschen, das Leiden des anderen und mit dem anderen zu teilen. Wer Mit-leiden empfindet, tritt aus seinem angestammten Kreis heraus und begibt sich in die Galaxie des anderen in seiner Andersartigkeit, um mit ihm zu leiden, sich mit ihm zu freuen, mit ihm seinen Weg zu gehen und das Leben in Synergie* mit ihm zu gestalten.

Zunächst einmal ist, wer mit-leidet, frei von jedem Willen, irgend jemanden oder irgend etwas zu beherrschen und, in letzter Konsequenz, irgendein lebendes Wesen zu töten. Deshalb sagt er bzw. sie jeder Gewaltanwendung gegen die Natur ab. Sodann liegt ihm daran, ausgehend von denen, deren Leid und Schmerz am größten sind, Gemeinschaft zu entwickeln. Nur wenn die Letzten den Vortritt haben, besteht die Chance zu einer wirklich integrationsfähigen Gesellschaft, in der alle Platz haben. Wir werden noch sehen, daß die chinesische Philosophie des Feng Shui* hier ein Modell liefert, wie man achtsam mit der Natur umgehen und ökologisch Haus und Garten einrichten kann.

Im Hinduismus* ist es die *ahimsa*, die dem buddhistischen Mit-leiden entspricht. *Ahimsa* heißt Gewaltlosigkeit und ist bemüht, keiner Fliege Leid oder Schmerz zuzufügen. Viele heilige Texte des Hinduismus lehren, alle Wesen mit derselben Achtsamkeit und Ehrerbietung zu behandeln, mit der man sonst seine Kinder behandelt. Gandhi war *das* moderne Genie der *ahimsa*.

Auch die Tradition des Tao* kennt einen ähnlichen Begriff: *wu wei*. *Wu wei* ist eine aktive Tugend, in der es darum geht, sich dem Maß aller Dinge anzupassen, sich von ihnen tragen zu lassen und nicht in ihren Lauf einzugreifen. Wer Entsagung übt und seinen Willen in Zaum hält, möglichst viel haben zu wollen, praktiziert *wu wei*, das heißt er tritt in die Gemeinschaft mit den Dingen ein, spürt ihren Rhythmus und schwingt sich in ihren Tanz mit ein.

In der jüdisch-christlichen Überlieferung wäre auf die *rachamim* zu verweisen, auf die Barmherzigkeit. *Rachamim* heißt in wörtlicher Übersetzung Eingeweide und will offensichtlich sagen, daß jemand mitbekommt, was ein anderer, zumal einer, der leidet, mitmacht. Auch hier geht es also weniger darum, die Dinge zu verstehen, als darum, mit dem anderen bzw. mit der anderen mit-zu-fühlen, sich damit zu identifizieren und mit-zu-leiden. Barmherzigkeit gilt als das große Markenzeichen, das Jesus von Nazaret mit seiner spirituellen Erfahrung charakterisiert. Jesus erfährt Gott als Vater, und deshalb verkündet er auch Gott als Vater, dessen Barmherzigkeit keine Grenzen kennt: »Er läßt seine Sonne aufgehen über Guten und Bösen, und er läßt es regnen über Gerechte und Ungerechte« (Matthäus 5,45); »auch ist er gütig gegen die Undankbaren und Bösen« (Lukas 6,35). Der Gott Jesu erweist seine Barmherzigkeit am verlorenen Sohn und am verirrten Schaf ebenso wie an der öffentlichen Sünderin. Er ist Vater mit Zügen einer Mutter. Deshalb läßt auch Jesus es nicht an Barmherzigkeit gegenüber denen fehlen, die ihn ans Kreuz gebracht haben.

Daß Barmherzigkeit zum Kern des jüdisch-christlichen Gottesbildes gehört, gibt Psalm 103 zu verstehen: »Der Herr ist barmherzig und gnädig ... Er wird nicht immer zürnen, nicht ewig im Groll verharren ... Wie ein Vater sich seiner Kinder erbarmt, so erbarmt sich der Herr über alle, die ihn fürchten ... Die Barmherzigkeit des Herrn währt immer und ewig für alle, die ihn fürchten und ehren« (Verse 8 -17).

Im entscheidenden Augenblick des Gerichtes, wenn unser ganzes Leben offenliegt, wird das Kriterium sein, wieweit wir mit den Hungernden und Dürstenden, mit den Nackten und Inhaftierten Mit-leiden und Barmherzigkeit praktiziert haben (Matthäus 25, 36–41). Und was das Kriterium des Mit-leidens angeht, gibt es keinen Unterschied zwischen Christen, Ägyptern und Tibetern. Man muß nur in die heiligen Bücher der einen wie der anderen schauen.

Zusammenfassend können wir sagen: In diesen – wie sicher auch noch in anderen – Aspekten vernehmen wir das vielfältige Echo von besorgter Achtsamkeit. Viele Stimmen singen das eine Lied. Liebe, rechtes Maß, Zärtlichkeit, Liebkosung, Herzlichkeit, Konvivialität und Mit-leiden verleihen den Menschen ihre Menschlichkeit. Vermittels dieser Seinsweisen vollziehen sie fortwährend ihre Autopoiesis*, das heißt ihre Selbstrealisierung in der Geschichte. Zugleich bauen sie aber auch an der einen Erde und tragen bei zum Erhalt der Stämme der Erde mit ihren Kulturen, Werten, Träumen und geistig-geistlichen Überlieferungen.

IX. KONKRETISIERUNGEN VON ACHTSAMKEIT

Nachdem wir dargelegt haben, welches Profil die Daseinsweise sorgsame Achtsamkeit hat, möchten wir nunmehr zeigen, wie sie auf verschiedenen Ebenen konkret wird. Dabei bewegen wir uns vom Allgemeinen zum Besonderen.

1. ACHTSAME SORGE UM UNSEREN EINZIGEN PLANETEN

Ganz besondere Sorge verdient unser Planet Erde. Wir haben nur ihn. Wo sollten wir denn auch sonst leben und wohnen? Die Erde ist ein System von Systemen, ein Superorganismus mit einem komplexen Gleichgewicht, gewachsen im Laufe von Millionen und Abermillionen Jahren. Da unsere Erde während der letzten Jahrhunderte aber vom Industrialisierungsprozeß geradezu überfallen und geplündert wurde, steht das Gleichgewicht auf des Messers Schneide und droht langsam zu zerbrechen. Seit Beginn der Industrialisierung im 18. Jahrhundert wuchs die Bevölkerung der Erde auf das Achtfache. Auch wenn die Menschen aufgrund dessen keine andere Chance hatten, immer mehr Ressourcen zu verbrauchen, wuchs die Produktion auf der Grundlage der Ausbeutung der Natur auf sage und schreibe mehr als das Hundertfache. Da sich der Produktionsprozeß indes zusehends weiter beschleunigt und mundialisiert, verschärft sich auch die Lage weiter, und das Risiko wird immer größer. Folge ist, daß wir gerade auf die Zukunft der Erde besondere Sorgfalt verwenden müssen.

Daß unser schöner Planet bedroht ist, ist alles andere als allgemeiner Bewußtseinsstand. Die, die die Menschheit entsprechend sensibilisieren könnten, genießen auf der Titanic ihrer Illusionen unbekümmert die Freuden ihrer Tour. Daß das Ganze einem ökologischen Eisberg zusteuern und uns im Handumdrehen untergehen lassen kann, davon wollen sie partout nichts wissen.

Tragisch dabei ist, daß es keine Instanzen gibt, welche die den Planeten betreffenden Probleme global koordinieren könnten. Zwar verfolgt die UNO an die vierzig Projekte zum Kampf gegen weltweite Probleme – wie Klima, Abholzung, Luft-, Boden- und Wasserverschmutzung, Hunger, Epidemien, Probleme junger und alter Menschen, Migration und anderes mehr. Doch die Weltorganisation steht nach wie vor unter der Ägide der imperialistischen Nationen mit ihrem alten Paradigma*, für welches zwar Nationalstaaten und Machtblöcke gelten, aber die Erde insgesamt als Gegenstand von Achtsamkeit und Sorge und als Inhalt kollektiver Politik zur Rettung des Planeten noch nicht existiert.

Wollen wir indes fähig werden, uns den Planeten Erde angelegen sein zu lassen, kommt niemand an einer ökologischen Alphabetisierung vorbei. Allesamt müssen wir unsere Konsumgewohnheiten überprüfen. Eine Ethik der Sorge und der Achtsamkeit zu entwickeln steht uns an.

Das ›Programm der Vereinten Nationen für die Umwelt‹ (*United Nations Environmental Program – UNEP*), der ›Weltverband zum Schutz der Natur‹ (*Worldwide*

Fund for Nature – WWF) und der ›Internationale Verband zur Bewahrung der Natur‹ (*International Union on Conservation of Nature – IUCN*) haben bereits 1991 eine detaillierte Strategie für die Zukunft des Lebens vorgelegt. In der Studie, die den Titel trägt: *Caring for the Earth – A Strategy of Sustainable Living*[10], formulieren die Verfasser neun Prinzipien für die Zukunftsfähigkeit* der Erde. Es geht ihnen um eine umfassende Strategie auf der Grundlage von Verantwortung und Achtsamkeit:

1. Eine zukunftsfähige Gesellschaft schaffen,
2. Die Gemeinschaft der lebenden Wesen achten und fördern,
3. Die Lebensqualität für die Menschen verbessern,
4. Die Lebenskraft und Vielfalt des Planeten Erde erhalten,
5. Die Grenzen der Tragfähigkeit des Planeten Erde nicht überschreiten,
6. Persönliche Einstellungen und Praxisformen ändern,
7. Den verschiedenen Gemeinwesen einräumen, sich um ihre besondere Umwelt zu kümmern,
8. Auf Landesebene Strukturen schaffen zur Integration von Entwicklung und Bewahrung und
9. Ein globales Bündnis schaffen.

Die genannten Prinzipien konkretisieren die wesenhafte Sorge um die Erde. Diese entspricht der Ethik eines zukunftsfähigen Planeten. Treffend stellt das Dokument *Unsere Verantwortung für die Erde* heraus: »Die Ethik der Sorge gilt sowohl auf internationaler als auch

[10] Kurzfassung in deutscher Sprache: *Unsere Verantwortung für die Erde*, Frankfurt am Main 1991.

auf nationaler und individueller Ebene. Keine Nation genügt sich selbst. Alle gewinnen mit der Zukunftsfähigkeit der Welt, und alle stehen in Gefahr für den Fall, daß wir nicht dahin kommen.« Allein solch eine Ethik der wesenhaften Sorge kann uns vor dem Schlimmsten retten. Allein sie vermag uns einen Horizont der Zukunft und der Hoffnung zu eröffnen.

2. ACHTSAME SORGE UM DIE EIGENE ÖKOLOGISCHE NISCHE

Bei der Sorge um die Erde geht es ums Globale, bei der Sorge um die eigene ökologische Nische ums Lokale. Der Mensch steht mit den Füßen auf dem Boden (lokaler Bezug), mit dem Kopf aber öffnet er sich fürs Unendliche (globaler Bezug). Zusammengehalten werden Erdboden und Unendlichkeit, Abgrund und Sterne, Lokales und Globales durch das Herz. Die Logik des Herzens aber besteht darin, das rechte Maß zu treffen und das dynamische Gleichgewicht zwischen beiden Dimensionen zu finden.

Gelingen kann uns das aber nur, wenn sich jeder und jede von uns als Teil des lokalen Ökosystems* und der jeweiligen biotischen Gemeinschaft erkennen, und zwar sowohl was Natur als auch was Kultur angeht. Er und sie müssen der Brüder und Schwestern gewahr werden, die dieselbe Atmosphäre miteinander teilen, dieselbe Landschaft und denselben Grund und Boden, dieselben Quellgebiete und dieselben Nahrungsquellen. Er und sie müssen um die Pflanzen und Tiere, Vögel und Fische, Insekten und Mikroorganismen wissen, welche in ein und derselben gemeinsamen ökologischen Nische zusammenleben. Er und sie müssen die Geschichte ihrer Landschaften kennen und mit den dortigen Flüssen und Bergen, Wasserfällen und Höhlen vertraut sein. Er und sie müssen in der Geschichte der Menschen Bescheid wissen, welche dort gelebt und sich ihre Lebenswelt geschaffen haben, wie sie mit ihrer Arbeit die Natur verändert, bewahrt oder auch zerstört haben, wer ihre Dichter und Weisen sind, ihre Helden und Heldinnen, ihre männlichen und weiblichen Heiligen und wer die Gründungsväter und -mütter ihrer jeweiligen örtlichen Zivilisation sind.

Alles das bedeutet, sich um die eigene ökologische Nische zu kümmern. Wer das aber alles tut, erlebt die eigene ökologische Nische mit dem Herzen, als wäre sie die Verlängerung und Entfaltung des eigenen Körpers. Das alles läßt einen dann auch Motive entdecken, die bewahren und sich entwickeln lassen, in Einklang mit der Dynamik des ursprünglichen Ökosystems*.

Was für den Einzelmenschen gilt, gilt auch für die Menschen vor Ort insgesamt. Auch das örtliche Gemeinwesen muß sich in das lokale Ökosystem einfügen und sich die Umwelt zu Herzen nehmen: mit den Ressourcen sparsam umgehen, Abfälle vermeiden, Materialien wiederverwerten und die Biovielfalt schützen. Jede Gemeinschaft vor Ort muß ihre Geschichte kennen, ihre großen Namen ebenso wie ihre Folklore. Sie muß sich um ihr Dorf und ihre Stadt kümmern, um ihre Plätze und öffentlichen Stellen, um ihre Häuser und Schulen, um ihre Hospitäler und Kirchen, um ihre Theater, Kinos und Sportplätze, um ihre Denkmäler und um die Stätten des kollektiven Gedächtnisses. So wäre es zum Beispiel eine gute Sache, auf Plätzen und an Straßen des Gemeinwesens bewußt Arten des heimischen

Ökosystems anzupflanzen und in Restaurants Speisen der örtlichen und regionalen Küche anzubieten.

Doch die Pflege der ökologischen Nische verspricht nur dann Erfolg, wenn sie auf einem kollektiven Erziehungsprozeß gründet, der die Mehrzahl der Bevölkerung involviert und den Menschen Zugang zu Informationen eröffnet und Austausch von Wissen ermöglicht. Wichtig dabei ist, das Wissen der einfachen Leute, wie es in Überlieferungen aus alten Zeiten, in Legenden und Geschichten von Indianern und Mestizen, von Schwarzen und Mulatten, von Ureinwohnern und Einwanderern tradiert wird, zu konfrontieren und zu vervollständigen mit kritisch-wissenschaftlichem Wissen. Gerade was solche Menschen alles wissen, offenbart Dimensionen der örtlichen Wirklichkeit und transportiert Wahrheiten und grundlegende Sinninhalte, die auch von allen anderen entziffert und assimiliert werden müssen. So kann dann das Ökosystem* zu einer großen dynamischen Harmonie reifen, in der alle lebenden und leblosen Wesen, alle kulturellen und gesellschaftlichen Institutionen, ja, alle Wesen schlechthin ihren Platz finden, interagieren, sich gegenseitig akzeptieren, ergänzen und miteinander zu Hause fühlen.

3. ACHTSAME SORGE UM EINE ZUKUNFTSFÄHIGE GESELLSCHAFT

Im Augenblick gibt es kaum eine Gesellschaft, die nicht krank wäre. Was die uns bekannten Gesellschaften an Lebensqualität produzieren, wird weder dem Menschen noch sonst einem Wesen der Natur gerecht. Allerdings kann die Sache auch gar nicht anders sein; denn allesamt gründen sie auf der Daseinsweise Arbeit: Arbeit verstanden als Beherrschung und Ausbeutung sowohl der Natur als auch der Arbeitskraft der Bevölkerung. Mit Ausnahme einiger ursprünglicher Gesellschaften wie die der Ureinwohner unseres Erdteils und einiger anderer Minderheiten in Südostasien, Ozeanien und in der Arktis sind alle Gesellschaften Geiseln eines Modells von Entwicklung, in dem es nur um die Bedürfnisse eines Teils der Menschheit (der Industrieländer) geht und die anderen dem Mangel, wenn nicht direkt dem Hunger und dem Elend anheimgegeben sind. Wir gehören zu einer Spezies, die sich als fähig entpuppt hat, ihre eigenen Brüder und Schwestern erbarmungslos zu unterdrücken und brutal zu massakrieren. In Kriegen, Massakern und Konzentrationslagern kamen allein in diesem Jahrhundert an die zweihundert Millionen Menschen um. Nicht genug damit. Die Spezies Mensch verwüstet und zerstört darüber hinaus noch ihre eigenen Grundlagen, indem sie nicht einmal die nichterneuerbaren Ressourcen der Natur schont.

Doch es geht nicht nur darum, »Die Grenzen des Wachstums« (so der Titel eines ersten Lösungsvorschlags seitens des *Club of Rome* 1972) zur Geltung zu bringen, sondern darum, eine neue Art von Entwicklung zu praktizieren. Die neue Art von Entwicklung muß, wie wir inzwischen wissen, nachhaltig* bzw. zukunftsfähig* sein. Es gibt keine Entwicklung schlechthin, sondern immer nur Gesellschaften, welche für die Entwicklung optieren, die sie wollen und die sie brauchen. Die Rede müßte also von einer zukunftsfähigen* Gesellschaft bzw. von einem zukunftsfähigen Planeten sein, als unerläßliche Vor-bedingung für eine wirklich integrale Entwicklung.

Zukunftsfähig ist ein Gesellschaftsverband oder ein Planet, wenn er für sich und für die Wesen der ihm Heimat bietenden Ökosysteme* das Notwendige produziert, wenn er der Natur nur das entnimmt, was diese auch wieder zu reproduzieren vermag, und wenn er sich schließlich solidarisch auch mit den zukünftigen Generationen erweist, insofern er für sie die natürlichen Ressourcen erhält, ohne die sie nicht existieren können. In der Praxis heißt das: Unsere Gesellschaft muß fähig werden, neue Verhaltensmodelle zu entwerfen und neue Formen von Entwicklung zu praktizieren, die pfleglich mit den ökologischen Gleichgewichtszuständen umgehen und sich innerhalb der von der Natur gesetzten Grenzen bewegen. Damit soll nicht ein Weg zurück in die Vergangenheit angetreten, wohl aber eine neue Blendeneinstellung für die gemeinsame Zukunft aufgetan werden. Das Motto kann nicht lauten: »Schluß mit dem Konsum!« Das Motto kann nur lauten: »Konsum mit Verantwortung!«

Die treibende Kraft dieses Modells von Entwicklung besteht weder in der Ware noch im Markt, weder im Staat noch im Privatsektor noch in der Produktion von Reichtum, sondern im Menschen, in der Gemeinschaft und in allen anderen Lebewesen, die mit den Menschen das Abenteuer der erdgebundenen Existenz teilen.

Bedingungsrahmen für dieses Entwicklungsverständnis ist ein anderes Paradigma* – das aber inzwischen Gott sei Dank schon einige Kreise der UNO assimiliert haben. In ihrer bekannten Erklärung zu den Rechten der Völker auf Entwicklung ließ die UNO-Kommission für Menschenrechte am 18. Oktober 1993 verlauten: »Entwicklung ist ein umfassender wirtschaftlicher, gesellschaftlicher, kultureller und politischer Prozeß, der auf die ständige Verbesserung des Wohlergehens der gesamten Bevölkerung wie jedes einzelnen Menschen zielt – auf der Grundlage sowohl aktiver, freier und maßgeblicher Partizipation aller als auch auf der Grundlage gerechter Verteilung der daraus erwachsenden Güter.« Unsererseits würden wir noch hinzufügen wollen: auf der Grundlage des Sinns für das Ganze, für die psychologische und spirituelle Dimension des Menschen.

Oder mit einfachen Worten gesagt: Soziale Entwicklung soll die Qualität des menschlichen Lebens, insofern es menschlich ist, verbessern. Das aber geht nicht ohne eine Reihe universaler Werte wie gesundes, langes Leben, Erziehung und Bildung, partizipative und nicht bloß repräsentative Demokratie, Garantie für die Achtung der Menschenrechte, Schutz vor Gewalt und Bedingungen für die Möglichkeit, sich sachgerecht symbolisch und spirituell auszudrücken. Doch sind diese Werte nur dann zu haben, wenn beim kollektiven Aufbau des Sozialen eine Achtsamkeit herrscht, zwischen den Unterschieden ein heiteres Hin und Her waltet, die gesellschaftlichen Beziehungen von Herzlichkeit geprägt sind, allen Leidenden oder Sich-an-den-Rand-gedrängt-Fühlenden mit Mitleid begegnet und an Strategien des Ausgleichs und der Integration gearbeitet wird. Besondere Zuwendung verdienen Kranke und Alte, Träger eines sozialen Stigmas, An-den-Rand-Gedrängte und Ausgegrenzte. An all diesen Gruppen läßt sich ablesen, welches Maß an Nachhaltigkeit, Zukunftsfähigkeit* und wesenhafter Sorge eine Gesellschaft praktiziert hat und praktiziert. Wichtig ist schließlich, es nicht an Verständnis, historischer Geduld, Dialogfähigkeit und Sinn für schöpferische Integration auch gegenüber der diabolischen und wahnsinnigen Seite der menschlichen Geschichte fehlen zu lassen. Alle diese Werte sind unerläßlich für wesenhafte Sorge.

4. ACHTSAME SORGE UM DEN ANDEREN, UM ANIMUS UND ANIMA

Aber es gibt nicht nur das Netz sozialer Beziehungen. Was konkret existiert, sind Menschen zum Anfassen, sind greifbare Männer und Frauen. Menschen sind sprechende Wesen. Mittels der Sprache schaffen sie die Welt, einschließlich ihres Beziehungsgeflechts. So gesehen, ist der Mensch seiner Substanz nach ein Wesen mit unbegrenzten Beziehungen. Allein im Zwiegespräch mit dem Du konstituiert sich das Ich, wie moderne Psychologen und vor diesen bereits personalistische Philosophen herausgefunden haben. Das Du geht dem Ich voraus. Das Du ist der Geburtshelfer des Ichs.

Doch das Du ist keine undefinierte Größe. Das Du ist ein Antlitz zum Anrühren, mit persönlichen Blicken und unverwechselbaren Zügen. Das Gesicht des anderen und der anderen macht Gleichgültigkeit zur Unmöglichkeit. Das Gesicht des Gegenübers zwingt mich, Position zu beziehen, denn es spricht ja, pro-voziert, e-voziert und kon-voziert. Das gilt insbesondere für das Antlitz von Armen, Verrandeten und Ausgegrenzten.

Jedes Gesicht hat einen Blick und eine Ausstrahlung, deren sich niemand entziehen kann. Gesicht und Blick strahlen stets ein Vor-wort aus, das eine Ant-wort erwartet. So entsteht Ver-ant-wortung, will sagen: die Pflicht zur Ant-wort. Hier wird Ethik geboren. Ethik besteht ja in nichts anderem als in der Beziehung der Ver-ant-wortung angesichts des Antlitzes des anderen, zumal des völlig anderen, das heißt des und der Unterdrückten. Im Ja oder im Nein, im Bündnis oder in der Feindschaft gegenüber dem Angesicht des anderen erwachsen die primären Beziehungen des Menschen und entscheiden sich seine Neigung zur Unterdrückung oder seine Bereitschaft zur Zusammenarbeit.

Sich um den anderen kümmern heißt, darauf Wert legen, daß dieses Zwiegespräch, dieser Dialog befreiend und synergetisch* wirkt und zu einem bleibenden Bündnis des Friedens und der liebevollen Zuwendung wird.

Der andere begegnet uns stets in der Gestalt eines Mannes oder einer Frau. Natürlich sind Mann und Frau verschieden, haben aber gleichwohl eine gemeinsame Basis des Menschseins. Wenn auch auf je unverwechselbare Weise, realisieren sie dennoch das geheimnisvolle, abgrundtiefe Wesen des Menschen. Der Unterschied zwischen den beiden ist nichts Abgeschlossenes und ein für allemal Definiertes, sondern eine unentwegt offene, eine unablässig zu gestaltende Herausforderung. Denn Mann und Frau stehen in fortwährender Inter-aktion und Wechselseitigkeit.

In der Sprache des Schweizer Tiefenpsychologen Carl Gustav Jung (1875–1961) trägt jeder Mensch einen *animus** (die Dimension des Männlichen) und eine *anima** (die Dimension des Weiblichen) in sich. Der Mann weckt in der Frau ihre männliche Dimension, die in der Daseinsweise Arbeit zum Ausdruck kommt; und die Frau weckt im Mann dessen weibliche Dimension, die sich geschichtlich konkretisiert in der Daseinsweise Achtsamkeit und Sorge.

Den anderen als *animus* und *anima* ernst nehmen bedeutet, sich ernsthaft dafür einsetzen, daß die Herrschaft des einen Geschlechts über das andere aufhört und daß Patriarchat und Machismus einerseits und ausschließender Feminismus andererseits abgebaut werden. Was wir brauchen, sind Beziehungen, in denen die Unterschiede keineswegs verwischt, wohl aber nicht mehr als Ungleichheiten begriffen werden, sondern als Reichtum der einen und komplexen menschlichen Substanz. So verstandene Konvergenz in der Verschiedenheit schafft Raum dafür, daß wir unser Menschsein umfassender und integrierter erfahren und damit eine achtsamere Form unserer Existenz beginnen können.

5. ACHTSAME SORGE UM ARME, UNTERDRÜCKTE UND AUSGESCHLOSSENE

Eine der größten Herausforderungen, die sich einer ethisch motivierten und der Daseinsweise Achtsamkeit verpflichteten Politik stellt, ist ohne Zweifel die Sorge um die Millionen und Abermillionen Armen, Unterdrückten und Ausgegrenzten unserer Gesellschaften. Das als solches zu bezeichnende Antiphänomen ist das Ergebnis höchst ungerechter gesellschaftlicher Organisationsformen, wie sie heute weltweit gang und gäbe sind. Denn dank dem technologischen Fortschritt auf vielen Gebieten machten der Dienstleistungssektor wie auch die Produktion materieller Güter in den letzten zwanzig, dreißig Jahren zwar phantastische Fortschritte. Was aber dabei herauskam, wurde miserabel verteilt, so daß zwei Drittel der Menschheit in bitterer Armut landeten. Nichts aber schadet mehr der Daseinsweise Achtsamkeit und Sorge als Grausamkeit gegenüber seinesgleichen.

Wie aber wäre dann mit den Verdammten und Beleidigten der Erde umzugehen? Die Antwort auf die Frage spaltet öffentliche Politikentwürfe und humanistische Traditionen ebenso wie christliche Religionen und Kirchen von oben bis unten. Immer mehr setzt sich die Überzeugung durch, mit rein fürsorglichen und paternalistischen Strategien seien die Probleme der Armen und Ausgegrenzten nicht zu lösen. Im Gegenteil, eine solche Vorgehensweise verfestige das Ganze nur, weil sie die Menschen in der Situation von Abhängigen und Bettlern belasse und die Tatsache nicht beachte, daß diese sehr wohl die Kraft zur Veränderung der Gesellschaft in sich trügen.

Ihre Befreiung müssen die Unterdrückten selbst zuwegebringen, und zwar dadurch, daß sie sich ihrer Unrechtssituation bewußt werden, sich zusammenschließen und Praxismodelle zur strukturellen Veränderung der ungerechten sozialen Beziehungen initiieren. Die Option für die Armen, das heißt gegen deren Armut und für deren Leben und Freiheit, bildete und bildet auch heute noch das Markenzeichen all jener sozialen Gruppen und Kirchen, die ein Ohr haben für das Schreien der Verarmten – in der Gestalt sowohl ausgebeuteter Arbeiter, entwurzelter Ureinwohner und diskriminierter Schwarzer als auch unterdrückter Frauen und verrandeter Minderheiten. Bei letzteren denke man nur an HIV-Infizierte oder an Träger sonst welcher anderer Behinderungen. Aber Gott sei Dank ist die Zahl derer nicht gering, die – ohne selbst zu den Unterdrückten zu gehören – sich mit den Unterdrückten verbündet haben, um sich zusammen mit ihnen und aus ihrer Perspektive für tiefgreifende Gesellschaftsveränderungen einzusetzen.

Das Engagement der Unterdrückten und ihrer Verbündeten für eine neue Form von Gesellschaft, in der die Ausbeutung des Menschen und die Plünderung der Erde ein Ende haben, offenbart die politische Kraft der Dimension Sorge.

Was aber ist die letzte Triebfeder, die all die Bewegungen von Land- und Obdachlosen, von Straßenkindern und alten Menschen, von Fischern und Bewohnern unserer tropischen Regenwälder ..., die all die Bewegungen für soziale Rechte insgesamt in Schwung hält, wenn nicht Einfühlung und Achtsamkeit für menschliches Leben? Hier wirkt sich sorgsames, zärtliches Einfühlen für die unveräußerliche Würde des Lebens aus, wie es Menschen und Bewegungen zu Protest, Widerstand und Einsatz zur Veränderung der Geschichte treibt. Historische wie moderne Propheten lassen keinen Zweifel daran, daß politische Sorge immer zwei Seiten hat: Härte, mit der es die Unterdrücker anzuklagen gilt, und Zärtlichkeit, mit der die Opfer getröstet sein wollen.

Sorge für Verarmte und Vor-die-Tür-Gesetzte kann nicht beanspruchen, wer diese Menschen nicht konkret liebt und nichts für sie wagt. Daß sich die globalisierte Weltgesellschaft konsolidiert und daß es zu einem neuen zivilisatorischen Paradigma* kommt, geht nur auf dem Weg von Sorge und Achtsamkeit für Arme, Verrandete und Ausgegrenzte. Solange wir die Probleme dieser Menschengruppen nicht lösen, kommen wir über den Status eines vor-geschichtlichen Halbdunkels nicht hinaus. Möglicherweise haben wir dann schon die Schwelle zum neuen Jahrtausend überschritten, von einer neuen Zivilisation, das heißt von der Ära des anhaltenden Friedens mit allen Menschen, mit allen Geschöpfen und mit unserem ganzen herrlichen Planeten, sind wir aber noch weit entfernt.

6. ACHTSAME SORGE UM UNSEREN KÖRPER IN GESUNDHEIT UND KRANKHEIT

Beim Wort *Körper* müssen wir uns freimachen von dem Gedanken an Körper im üblichen Sinn, als stünden Leib und Seele, Materie und Geist sich gegenüber, als wäre der Körper ein Teil des Menschen und nicht seine Gesamtheit. Wollen Fachleute in den modernen Wissenschaften den Menschen als ein lebendiges, organisches Ganzes beschreiben, sprechen sie lieber von Körperhaftigkeit*. Im Bestreben, die umfassenden Dimensionen des Menschen zum Ausdruck zu bringen, benutzen manche Autoren auch Formulierungen wie Körper-Mensch oder Seele-Mensch.

Damit sind der alte Leib-Seele-Dualismus überwunden und ein umfassenderes Verständnis vom Menschen ermöglicht. Zwischen Materie und Geist steht jetzt das Leben, verstanden als Interaktion der Materie, die immer komplexer, immer verinnerlichter und immer selbstorganisierter wird. Der Körper ist immer beseelt. »Sich um den Körper eines Menschen kümmern«, heißt es bei einem Geisteslehrer, »bedeutet auf den Atem achten, der ihn beseelt.«

Zusammenfassend können wir sagen, unser Körper ist jener Teil des Weltalls, den wir mit Seele und Information, mit Bewußtsein und Personsein erfüllen. Gebildet ist er aus kosmischem Staub, wie dieser seit Millionen von Jahren – Milchstraßen, Sterne und Planeten gab es noch gar nicht – im interstellaren Raum umherschwebt und möglicherweise sogar noch älter ist als die Erde und das ganze Sonnensystem. Das Eisen, das in den Adern unseres Körpers rollt, der Phosphor und das Kalzium, das uns Knochen und Nerven stärkt, die achtzehn

Prozent Kohlenstoff und die fünfundsechzig Prozent Sauerstoff zeigen, daß wir in der Tat kosmische Wesen sind.

Der Körper ist ein lebendiges Ökosystem*, das mit anderen umfassenderen Systemen vernetzt ist. Wir gehören zur Spezies *Homo*, die ihrerseits zum System Erde gehört, und dieses wiederum ist Teil des galaktischen Systems, und dieses noch einmal des kosmischen Systems. Innerhalb des Körpers aber funktioniert ein internes System, das Kälte und Wärme, Schlaf und Wachsein, aber auch Phänomene wie Verdauung, Atmung, Herzschlag und vieles andere mehr reguliert.

Nicht genug damit. Unser lebendiger Körper ist auch Subjektivität. Jemand hat einmal gesagt, der Körper sei unsere archaischste Erinnerung. Recht hat er, denn in seiner Gesamtheit wie in jedem einzelnen seiner Teile birgt unser Körper Informationen über die ganze Länge des Evolutionsprozesses in sich. Auf den verschiedenen Bewußtseinsebenen (Urbewußtsein, anales, orales, autonomes und transzendentales Bewußtsein), wie sie im Wachstumsrhythmus unseres Körpers wach werden, melden sich dann diese Erinnerungsmomente und werden dank ihrer Interaktion mit der Umgebung immer reichhaltiger.

Der Körper zeigt aber auch die Schwäche des Menschen an. Körperliches Leben ist sterblich. Nach und nach schwindet das Energiekapital. Was ausgeglichen war, fängt an zu schwanken. Krankheiten stellen sich ein. Und schließlich klopft der Tod an unsere Tür. Doch der Tod kommt nicht erst am Ende des Lebens. Der Tod begleitet das Leben von Anfang an. Wir sterben immerzu, ganz allmählich, bis wir eines Tages endgültig sterben. Wer die Sterblichkeit des Lebens akzeptiert, geht mit Gesundheit und Krankheit anders um, als es landläufig geschieht.

Wer gesund ist, kann auch krank werden. Krankheit bedeutet eine Beeinträchtigung für das Gesamt der Existenz. Nicht das Knie tut mir weh. Ich, in meiner gesamten Existenz, leide. Es ist also kein Teil von mir, der krank ist, sondern mein ganzes Leben in seinen verschiedenen Dimensionen leidet – im Verhältnis zu mir selbst: Ich erfahre die Grenzen des sterblichen Lebens; im Verhältnis zur Gesellschaft: Ich isoliere mich, kann nicht mehr arbeiten und muß mich in einem Gesundheitszentrum behandeln lassen; im Verhältnis zum umfassenden Sinn des Lebens: Mein grundlegendes Vertrauen in das Leben gerät in eine Krise, und die Frage drängt sich mir auf, warum gerade mich diese Krankheit treffen mußte.

Krankheit strebt nach Gesundheit. Alles Heilungsbemühen muß die Dimensionen des gesunden Lebens integrieren – auf persönlicher und gesellschaftlicher Ebene ebenso wie bei der grundlegenden Frage nach dem höchsten Sinn von Existenz und Universum. So hat der erste Schritt der Besserung immer darin zu bestehen, die Dimension der Gesundheit zu festigen, damit diese dann die Dimension der Krankheit zu heilen vermag.

Doch um die Dimension der Gesundheit in uns zu stärken, müssen wir zunächst besser verstehen lernen, was Gesundheit eigentlich ist. Abzulehnen ist von vornherein jene geltende Ideologie, die mit ausgeklügelten Techniken und zahllosen Vitamincocktails operiert. Diese will »Gesundheit total«, als ob Gesundheit ein Ziel an sich wäre und die Grundfrage ausgeblendet werden könne, was man denn im Leben mit seiner Gesundheit mache. Problematisch scheint uns deshalb auch die bekannte Definition der Weltgesundheitsorganisation WHO (*World Health Organization*), nach der »Gesundheit ein Zustand umfassenden körperlichen, geistigen und gesellschaftlichen Wohlergehens« ist »und nicht nur die Abwesenheit von Krankheit und Schwäche«.

Der Begriff der WHO ist unrealistisch, geht er doch von der falschen Voraussetzung aus, möglich sei eine Existenz ohne Schmerz und Tod. Darüber hinaus ist er auch unmenschlich, insofern er die Konkretheit des Lebens, das ja sterblich ist, außer acht läßt. Mit Tod im Leben – und im Gefolge davon Beschwerden, Schwächen, Krankheiten, Todeskampf und letzter Abschied – kann diese Definition nichts anfangen. Hinzu kommt schließlich, daß Gesundheit kein Zustand ist, sondern ein ständiger Prozeß des Sich-Mühens um einen dynamischen Ausgleich zwischen allen Faktoren, die menschliches Leben ausmachen. Alle diese Faktoren stehen ja im Dienst des Menschen, damit er die Kraft hat, eine autonome, freie Person zu werden bzw. zu sein, die sich offen und kreativ mit allen ihr widerfahrenden Eventualitäten auseinanderzusetzen vermag.

Die Kraft, Mensch zu sein, bedeutet die Fähigkeit, sich dem Leben zu stellen, wie es ist, mit seinen Möglichkeiten und seiner ihm innewohnenden Lust, aber auch mit seiner Endlichkeit und Sterblichkeit. Die Kraft, Mensch zu sein, bezeichnet die Fähigkeit, mit anderen zusammenzuleben, zu wachsen und sich längs der Dimensionen von Leben, Krankheit und Tod weiter zu vermenschlichen.

Gesundheit und Heilung bezeichnen den Prozeß, in dem sich der Mensch den verschiedenen ihm widerfahrenden Lagen anpaßt und die unterschiedlichen Situationen integriert, in denen ihm Gesundheit und Krankheit, Leiden und Genesung, Altwerden und das große, ruhige Hinübergehen im Tod begegnen. Gesundheit ist folglich weder ein Zustand noch ein existentieller Akt, sondern eine Haltung angesichts der vielfältigen Situationen, die sowohl krankhaft als auch gesund sein können. Menschsein bedeutet mithin nicht einfach gesund sein, sondern gesund mit Krankheit und Gesundheit umgehen können. Gesundsein meint also, im Leben einen Sinn erkennen und realisieren, in dem sowohl Gesundheit als auch Krankheit als auch der Tod einen Platz haben. So kann jemand todkrank und zugleich gesund sein, wenn er nämlich in Anbetracht des Todes wächst, menschlicher wird und dem, was er gerade durchmacht, Sinn zu geben imstande ist.

So hat ein bekannter deutscher Arzt einmal gesagt: »Gesundheit ist nicht Abwesenheit von Beschwerden. Gesundheit ist die Kraft, mit den Beschwerden zu leben.« Gesundheit heißt das Leben annehmen und lieben, wie es sich darstellt, heiter und mühsam, gesund und krank, begrenzt und offen für die Grenzenlosigkeit, die jenseits des Todes kommen wird.

Was aber heißt dann, sich um seinen Körper, wie wir ihn definiert haben, kümmern? Zunächst einmal heißt es, das Leben, das ihn beseelt, pflegen. Betrachten wir sodann diese gewaltige Aufgabe etwas näher, heißt es, das Gesamt der Beziehungen mit der Umgebung pflegen. Dann geht es um Hygiene und Ernährung, um die Luft, die wir atmen, um die Kleidung, die wir anziehen, um die Form, wie wir unser Haus einrichten, aber auch um die Art und Weise, wie wir uns innerhalb eines bestimmten ökologischen Raumes verhalten. Befleißigen wir uns dieser Sorgfalt, stärken wir unsere Identität als Knoten von Beziehungen in alle Richtungen. Sorgsam mit seinem Körper umgehen bedeutet, alles kreativ assimilieren, was einem im Leben begegnen kann: Verpflichtungen und Arbeitsaufträge, wichtige Begegnungen und existentielle Krisen, Erfolge und Mißerfolge, Gesundheit und Leiden. Nur auf diese Weise werden wir Schritt für Schritt zu reifen, selbständigen, weisen und wirklich freien Menschen.

7. ACHTSAME SORGE UM DIE UMFASSENDE HEILUNG DES MENSCHEN

Die umfassende Heilung des Menschen ist von solcher Dringlichkeit, daß wir unsere Überlegungen noch ein wenig weiter entfalten müssen. In allen großen Therapietraditionen der Menschheit war man stets davon überzeugt, daß Heilung ein globales Geschehen ist, in dem es nicht allein um das kranke Glied geht, sondern um den ganzen Menschen. In unserer westlichen Überlieferung sei nur auf die Gestalt des Asklepios verwiesen, wie er bei den Griechen heißt, bzw. des Aesculapius, wie er im Lateinischen heißt. Auch der Vater der klassischen wie der modernen Medizin, Hippokrates (460 – etwa 370 v. Chr.), stammt aus dieser Tradition.

Historisch gesehen war Äskulap, so die deutsche Version seines Namens, wohl ein Heros, der zum Arzt ausgebildet worden war. Mehr als tausend Jahre zogen die Kranken aus allen Ecken der antiken Welt zu seinem Zentrum und Tempel in Epidauros in Mittelgriechenland. Offensichtlich waren seine Heilmethoden so erfolgreich, daß er nach seinem Tod zum Gott erklärt wurde. Da Äskulap zugleich als Gott und als Mensch galt, läßt sich an seiner Gestalt ablesen, daß die Heilung nur dann als vollständig angesehen wurde, wenn sie das Ergebnis eines menschlichen und göttlichen Eingriffs, also sowohl körperlich als auch geistig war.

Auf dem Torbogen am Eingang zu seinem Heiligtum konnten die Kranken das Motto seiner Medizin lesen:

»Rein sei, wer den duftenden Tempel betritt.
Reinheit ist indes gesunde Gedanken nähren.«

Nootherapie (das griechische Wort *noos* bedeutet in der Übersetzung soviel wie Geist) hieß das Ganze und beinhaltete einen Prozeß der Neudefinition von Haltungen und Bewertungen. Christen und Christinnen sprechen bis auf den heutigen Tag von Umkehr (griechisch: *metanoia*). Die Sünde (*harmatia*) – will sagen: Haltungen, die zu dem betreffenden Menschen, zu seinen Mitmenschen, zum Kosmos und zur Urquelle aller Dinge in Widerspruch stehen – löst Prozesse aus, die den Menschen aus seinem physisch-psychisch-geistigen Gleichgewicht bringen. Mit anderen Worten: machen ihn krank.

Geheilt wird der Mensch, indem er sein Gleichgewicht wiederfindet. Sünde und Krankheit weichen Gnade und Heilung. In Epidauros behandelte man die Krankheiten in holistischer Form, mit unterschiedlichen Methoden: mit Tanz und Musik, Gymnastik und Poesie, Riten und heiligen Klängen. Im *Abaton*, das heißt einer bestimmten Form von Heiligtum, schliefen die Kranken, in der Hoffnung, im Traum mit der Gottheit in Kontakt zu treten und von ihr berührt und dadurch geheilt zu werden. Das *Odeon* war ein Ort, an dem man beruhigende Musik und verzaubernde Gedichte hören konnte. Im *Gymnasion* übte man sich im kontrollierten sportlichen Wettbewerb, um so seine körperliche Verfassung wieder zu verbessern. Das *Theater* diente dazu, komplizierte Lebenssituationen nachzuspielen, um ihnen die Dramatik zu nehmen und auf solche Weise die Heilung zu erleichtern. Und in der *Bibliothek* schließlich konnte man Rat in Büchern suchen, Kunstwerke betrachten und sich an Diskussionen über die verschiedensten Themen beteiligen. Alle diese Möglichkeiten galten schon damals als Methoden einer holistischen Therapie. Die moderne Alternativmedizin bemüht sich weithin, auf die therapeutischen Ansätze unserer eigenen Tradition zurückzugreifen, nachdem diese lange das Opfer des geltenden wissenschaftsgläubigen Paradigmas* waren. Dies meint nämlich, Heilung herbeiführen zu können, indem es gezielt das kranke Glied mit chemischen Mitteln behandelt, vom Körper als einem Ganzen aber absehen zu können.

In solch einer Atmosphäre, in welcher der kranke Mensch mit umfassender Sorge bedacht wurde, schrieb auch der römische Satirendichter Decius Iunius Iuvenal (etwa 60–140 n. Chr.) – als Kritik an der übertriebenen Eßfreude der Römer – seinen berühmten Vers:

»*Orandum est ut sit mens sana in corpore sana – Anzustreben ist ein gesunder Geist in einem gesunden Körper*« (Satiren X, 356).

Viele sogenannte Fitneßcenter unserer Tage kolportieren den Leitsatz *Mens sana in corpore sano*, blenden aber nahezu immer die geistige Dimension (*mens sana*) aus, indem sie sich allein für die Muskelpakete des Körpers (*in corpore sano*) interessieren. Therapeutische Kunst ist mehr als Medizin, weil sie integral und damit zutiefst geistig ist.

Zusammenfassend halten wir fest: Sich um seine Gesundheit kümmern heißt, auf der Grundlage eines umfassenden Menschenbildes stets um das Gleichgewicht zwischen Körper, Geist und Seele bemüht sein und sich an Arzt (Körper), Therapeuten (Geist) und Priester (Seele) wenden, damit diese gemeinsam das Gesamt des Menschen im Auge haben.

8. ACHTSAME SORGE UM UNSERE SEELE, UM UNSERE INNEREN ENGEL UND DÄMONEN

Ähnlich dem Begriff *Körper* steht auch das Wort *Seele* für den ganzen Menschen, insofern er ein lebendes Wesen ist mit Innerlichkeit und Subjektivität (das lateinische *anima* - *Seele* - bedeutet lebendes Sein und hat sich weiterentwickelt zu *animal* - *Tier*). Bereits im allerersten Augenblick nach dem Urknall – die ersten Kraftfelder und ersten Bezugseinheiten waren gerade entstanden – begann die Seele sich zu bilden und zu verdichten. Auf der Basis von Neuronen entwickelte sich schließlich, schon auf der Ebene des Menschen, das Gehirn, und die Seele wurde reflex und erlangte Selbstbewußtsein. Die Etappen, die die Entwicklung nahm, sind möglicherweise der *Homo Ardipitecus Ramidos* vor 4,5 Millionen Jahren, der *Homo habilis* vor zwei Millionen Jahren, der *Homo erectus* vor 1,6 Millionen Jahren und der *Homo sapiens arcaicus* vor 250000 Jahren, der vor 150000 Jahren dann schließlich zum *Homo sapiens* wurde. Von letzterem, der bereits im Besitz eines voll reflexen Bewußtseins war, sind wir direkte Nachfahren.

Heute ist uns bekannt, über welche Ebenen sich diese Art von Bewußtsein entwickelte und welche Möglichkeiten sie hatte, Informationen vom Evolutionsprozeß festzuhalten. So wissen wir, daß das menschliche Bewußtsein Spuren der großen Urexplosion bewahrt hat wie auch Anzeichen von jenen Explosionen, bei denen die großen roten Sterne ihre gewaltigen Materialmassen in das ganze Weltall hinausschleuderten. In unserem Bewußtsein haften Erinnerungen sowohl an die riesigen Umwälzungen in unserem galaktischen, solaren und planetarischen System als auch an die Wehen, aus denen am Ende unser gemeinsames Haus, die Erde, geboren wurde. Unser Bewußtsein hat noch eine Ahnung vom Aufbrechen der ersten lebenden Zelle vor 3,8 Milliarden Jahren, aber auch von der verheerenden Gewaltausübung durch die Dinosaurier, von der einheitstiftenden Fähigkeit des ersten Gehirns bei den Reptilien, von der Zärtlichkeit der ersten Säugetiere und von der freudigen Geselligkeit unserer anthropoiden* Vorfahren. In unserem Bewußtsein wohnen Erinnerungen an den ersten Verstehensakt, an die schöpferische Kraft der Sprache, als sie anfing, die Welt zu ordnen, wie insgesamt an die großen heiteren Träume von Sympathie und unbeschwertem Zusammenleben, aber auch an all die Ängste und traumatisierenden Bedrohungen im Verhältnis zu den Eltern, zwischen Mann und Frau, aufgrund von Geburt, Schmerz und Tod. Spuren haben in uns schließlich hinterlassen die Begegnung mit Sonne, Mond und Sternen ebenso wie die Verzückung über die Größe des Sternenhimmels. Alle diese Dinge, die bis auf den heutigen Tag in uns nachwirken, haben unsere menschliche Seele geprägt. So leben wir heute aus der Erinnerung an Urzeiten.

In gewisser Weise ist alles, ja wirklich alles in unserem menschlichen Bewußtsein bewahrt, in der Gestalt von subatomischer, atomischer, mineraler, vegetativer, animalischer und menschlicher Erinnerung, aber auch in der Gestalt von Archetypen*, Träumen, Visionen, Symbolen, Leidenschaften und Gemütsregungen, die in unserem Inneren hausen. Wir sind Träger von Engeln und Dämonen, will sagen: von sym-bolischen Kräften, die uns zu Einheit und Zusammenarbeit anregen, wie auch von dia-bolischen Mächten, die unsere Existenzmitte zerreißen und zerstören.

Doch der Mensch hat auch Freiheit und Verantwortung. Die Freiheit ist ihm gegeben als Fähigkeit, dieses archaische Material, aber auch die Welt ringsum zu gestalten. Sie ist ihm gegeben als Möglichkeit zu entscheiden, ob er sich den guten Engeln oder den inneren Dämonen verschreibt. Die Verantwortung besteht darin, ein vernünftiges Gleichgewicht in sich zu schaffen zwischen der Energie der Engel und der der Dämonen und sich so in den Dienst zu stellen an einem Projekt, das mit der Synergie* und der Kooperation im Weltall in Einklang steht. Glück oder Tragödie, vor dieser Wahl steht der Mensch.

So tut sich uns eine brennende Herausforderung auf. Auch unsere Seele haben wir mit liebevoller Fürsorge zu umgeben: unsere Gefühle und Träume, unsere Wünsche und Leidenschaften, so widersprüchlich sie auch sein mögen, unsere Phantasien und Hoffnungsprojekte, unsere Visionen und Utopien, so tief sie auch in unserem Herzen versteckt sein mögen. Nur, die Frage, die sich stellt, lautet: Wie können wir mit all den Kräften umgehen, damit sie konstruktiv und nicht destruktiv wirken? Was für einen Sinn sehen wir in unserem Leben, daß wir alle diese Energien darauf ausrichten könnten? Sorge und Achtsamkeit sind der Weg, und beide weisen uns in die richtige Richtung.

9. ACHTSAME SORGE UM UNSEREN GEIST, UM DIE GROSSEN TRÄUME UND UM GOTT

Der Mensch, der als Leib und Seele existiert, ist durch ein einzigartiges Merkmal gekennzeichnet: Er kann sich als Teil des Weltalls und mit diesem in Kontakt stehend fühlen; er kann sich begreifen als Sohn bzw. Tochter der Erde, als ein Wesen, das letzte Fragen stellt und Verantwortung trägt für sein Tun und für seine gemeinsame Zukunft mit der Erde. Unausweichliche Fragen drängen sich hier auf: Wer bin ich? Was ist mein Platz in der Myriade der Existenzen? Was bedeutet es, auf diesen winzigen Planeten Erde geworfen zu sein? Woher kommt das ganze Universum? Wer verbirgt sich hinter dem Lauf der Sterne? Was erwartet uns jenseits von Leben und Tod? Warum beweinen wir den Tod von Verwandten und Freunden und empfinden ihn als ein Drama der Unwiderruflichkeit?

Wer solche Fragen zu stellen vermag, kann nur Träger bzw. Trägerin des Geistes sein. Dabei ist Geist jenes Moment am Leib-Seele-Menschen, mittels dessen dieser derlei Fragen wahrnimmt und darauf eine Antwort zu finden sich bemüht. In welches Gewand er dann seine Antwort kleidet: ob in mythologische Erzählungen oder in Höhlenzeichnungen wie im französischen Cromagnon und im brasilianischen Raimundo Nonato im Staat Piauí, ob in ausgeklügelte Philosophien und religiöse Riten oder in präzise Erkenntnisse empirischer Wissenschaften, sei' s drum. Eines steht fest: Als sprechendes und fragendes Seiendes ist der Mensch ein geistiges Wesen.

Ein weiteres Datum verweist auf die Dimension des Geistes: Der Mensch ist imstande, fortwährend neue

Sinngebungen und Symbole für sich zu entwickeln. Fakten allein reichen ihm nicht. In den Fakten erkennt er Werte und Bedeutungen. Die Dinge, die ihm begegnen, horcht er sozusagen ab, sind sie ihm doch mehr als Dinge. Sie werden ihm zu Vehikeln von Botschaften, die von ihm entziffert sein wollen. Einige Beispiele mögen das Gemeinte verdeutlichen.

Wer am Ufer des Amazonas steht, kann sich der Faszination des Bildes nicht erwehren, das Gefühl der Erhabenheit umfaßt ihn oder sie. Wer in den tropischen Regenwald kommt, ist gebannt vom Anblick der unvergleichlichen Biovielfalt; die Fülle von Bäumen und Wasserspielen, von Tieren und Stimmen jeder Klangfarbe erschlägt ihn nahezu; er oder sie erfährt Größe in reinster Form. In Anbetracht solcher Größe fühlt man sich wie ein unbedeutender, schwacher Wurm. Ehrfurcht und schweigende Scheu erfassen einen. Was man in solchen Augenblicken erfährt, das sind die eigenen Grenzen, ist aber auch das Gefühl der Bedrohung.

Wer je den Zauber der Liebe erlebt hat, weiß, daß er da die Erfahrung eines absoluten Wertes macht, der alles zu verklären imstande ist. Der geliebte Mensch wird zur Gottheit, die Strahlen der Sonne werden zu Kaskaden aus purem Gold, und die Härte der Arbeit wird zu lustvollem Zeitvertreib.

Oder: Wer könnte sich beim Anblick der bettelnden Hand eines hungernden Kindes des Mitleids und der Großzügigkeit enthalten? Alle diese Erfahrungen sind Bekundungen des Geistes, der wir sind.

Nun machen Menschen seit Anbeginn der Menschheitsgeschichte eine Erfahrung, die das alles noch überbietet. Ob im Weltall oder im Leben oder auch in unserer tiefsten Subjektivität, wir begegnen dem Numinosen, dem Göttlichen. Wer sollte hinter den Gesetzen, die die Natur regeln, nicht einen höchsten Gesetzgeber erkennen? Wem sollte hinter der Harmonie der Himmel eine grenzenlose Weisheit verborgen bleiben? Wer sollte in der Existenz des Universums nicht die Notwendigkeit eines Schöpfers sehen?

Die Menschen bezeichnen das höchste Wesen mit tausend Titeln, oder sie geben ihm einfach den Namen Gott. Sie spüren, daß Gott in ihrem Innern brennt, sei es in der Weise, daß er bei ihnen ist und sie überallhin begleitet, sei es in der Weise, daß er ihnen hilft, Gut und Böse zu unterscheiden. Sie spüren, daß da ein Lebenselan ist, der sie wachsen, arbeiten und Hindernisse überwinden, ihre Vorhaben in die Tat umsetzen und trotz aller Rückschläge die Hoffnung nicht aufgeben läßt. Einen solchen Lebenselan tragen die Menschen in sich, trotzdem ist er größer als sie. Es liegt nicht in der Macht der Menschen, ihn zu manipulieren, zu erzeugen oder zu vernichten. Sie sind ihm ausgeliefert. Ist das nicht alles ein weiteres Zeichen für die Gegenwart Gottes in uns?

Der Mensch kann den Raum des Göttlichen pflegen, sich für den Dialog mit Gott öffnen, sein Lebenslos ihm anvertrauen und den Sinn des Sterbens bei ihm verankert sehen. Wer sich so verhält, ist ein spiritueller Mensch. Spiritualität aber ist die Mutter der Religionen. Und Religionen sind der Ausdruck dafür, daß Menschen Gott begegnet sind, wobei sie die Form dieses Ausdrucks in den Kodex ihrer jeweiligen Kultur kleiden.

Die Weisen aller Völker haben immer gepredigt, ein Mensch, der diesen spirituellen Raum vernachlässige, werde sich unglücklich und krank fühlen und sich als durstig durch die Wüste irrend vorkommen, auf der Suche nach einer Quelle, die doch nirgends zu finden ist.

Wer aber den Geist und den, der in ihm verborgen wohnt, akzeptiere, werde erfüllt werden von Licht, von Heiterkeit und von einem unauslöschbaren Glück.

Den Geist pflegen heißt jene Werte pflegen, die dem Leben Richtung geben, und sich um jene Sinnelemente kümmern, die Hoffnung über den Tod hinaus schaffen. Sich um den Geist sorgen heißt ethische Verpflichtungen über persönliche oder gruppenmäßige Interessen stellen. Sich den Geist angelegen sein lassen heißt die innere Glut der Betrachtung und des Gebetes schüren, damit sie niemals erlischt. Mit dem Geist achtsam umgehen heißt vor allem Spiritualität pflegen, will sagen: in allem Gott erfahren und mitwirken, daß Gott im eigenen Herzen unablässig geboren und neugeboren werden kann. Wenn wir so leben, können wir gelassen und heiter unserer letzten Überfahrt zur großen Begegnung entgegensehen.

10. ACHTSAME SORGE UM UNSERE GROSSE ÜBERFAHRT, UM DEN TOD

Kein Ort, kein Winkel, keine Nische, wo nicht die Entropie* am Werk wäre. Auch das Gewebe unseres Lebens unterliegt der Entropie, bis am Schluß unser Energiepotential zur Gänze erloschen ist. Im Tod gelangen wir als Körper-Menschen an unser Ende. Doch was geschieht mit uns als Seele-Geist-Menschen? Was ist so gesehen unser Schicksal? Als Seele und Geist haben wir einen anderen Weg vor uns. Denn, erblickt der Mensch das Licht der Welt, beginnt er erst, geboren zu werden, und jeden Tag, der ihm geschenkt ist, wird er mehr geboren, bis irgendwann allerdings das Geborenwerden aufhört.

Eine sorgfältige Analyse der menschlichen Existenz zeigt, daß diese zwei Kurven beschreibt: die Kurve des Menschen als Körper und die Kurve des Menschen als Seele und Geist.

Die Kurve des Körper-Menschen geht den Weg: Geburt – Wachstum – Reife – Alter – Tod. Der Tod kommt dabei nicht von außen, sondern vollzieht sich innerhalb des Lebens als fortschreitender Verlust der Lebensenergie.

Die andere Kurve, die des Seele-Geist-Menschen, nimmt den umgekehrten Weg. Insofern Seele und Geist, wird der Mensch geboren, beginnt wie ein kleines Zeichen und entfaltet sich, verwirklicht Virtualitäten wie Sprechen, Beziehungen herstellen, Lieben ... und wird mehr und mehr geboren, bis er schließlich aufhört, geboren zu werden.

Aber wann hört der Mensch auf, geboren zu werden? Wenn die beiden Existenzkurven sich schneiden. Im Schnittpunkt der beiden Kurven tritt der reale Tod ein.

Und was bedeutet der Tod? Für den Menschen als Körper stellt er das Ende seines Weges durch die Welt aus Raum und Zeit dar. Für den Menschen als Seele und Geist hingegen bedeutet der Tod die Möglichkeit einer vollen Verwirklichung der latent in ihm steckenden Dynamik, die sich aufgrund der Begrenzung durch Zeit und Raum in ihrer ganzen Vielfalt bis dahin nicht entfalten konnte. Der Tod des Menschen als Körper hat die Zielstellung, alle Barrieren zu Fall zu bringen. Damit aber ist der Mensch, insofern Seele und Geist, befreit von allen Ketten, und sein innerer Impuls kann sich in Einklang mit der Logik des Grenzenlosen realisieren. Die Vernunft, die bisher nur wie im Halbdunkel sah, sieht jetzt in vollem Licht; der Wille, der sich bisher eingeschränkt fühlte, kann jetzt unmittelbar auf die Gemeinschaft mit dem Gegenstand seines Wunsches zugehen; der wesenhaften Sorge, die bisher nie von Doppeldeutigkeiten frei war, kann fortan ganz lauter nachgegangen werden; und der Körper, mittels dessen wir uns bisher den anderen nähern oder von ihnen entfernen konnten, spüren wir jetzt als unzweideutigen Ausdruck unserer vollen Gemeinschaft mit dem ganzen Kosmos.

So bringt also der Tod die wahre Geburt des Menschen. Im Tod implodiert und explodiert der Mensch in seine volle Identität. Im Christentum heißt der Moment der absoluten Realisierung Auferstehung. Auferwekkung bzw. Auferstehung ist ja viel mehr als die Wiederbelebung eines Leichnams und dessen Rückkehr in sein früheres Leben. Auferstehung ist die volle Verwirklichung aller Möglichkeiten, die der Mensch in sich trägt. Die Apostel sprechen davon, bei Jesus von Nazaret habe dieses selige Ereignis im Augenblick seines Todes am Kreuz stattgefunden. Deshalb beschreibt Paulus ihn als »letzten Adam« (1 Korinther 15,45), als neues Geschöpf, das das Ende der Zeiten vorwegnimmt. Jesus Christus ist das Realsymbol dafür, daß der Mensch definitiv geboren werden kann.

So gesehen leben wir nicht, um zu sterben. Wir sterben, um auferweckt zu werden und mehr und besser zu leben. Der Tod bedeutet die Metamorphose zur neuen Daseinsweise in Fülle. Stirbt der Mensch, läßt er einen Leichnam hinter sich zurück, wie die Puppe aus dem Kokon schlüpft. Der Kokon wird gesprengt, und ein bunter Schmetterling kriecht daraus hervor, das heißt: Leben in seiner vollen Identität. Auferstehung findet bereits im Tode statt.

Was wir dem Leben an Sinn beimessen, hängt davon ab, was für einen Sinn wir dem Tod geben. Sehen wir im Tod Ende und Schluß des Ganzen, wozu sollten wir dann noch all die Kämpfe, all die Mühen und all die Opfer auf uns nehmen? Ist der Tod für uns dagegen das Ende in dem Sinn, daß wir am Ziel angekommen sind, dann bedeutet er ein Unterwegssein hin zur Quelle. Der Tod gehört zum Leben und stellt als solcher den weisen Weg dar, auf dem es dem Leben gelingt, zu jener Fülle vorzustoßen, die ihm in diesem – für all seine Impulse gar zu kleinen und für seinen unersättlichen Hunger nach Grenzenlosigkeit gar zu engen – Universum verwehrt ist. Allein der Unendliche kann unendlichen Hunger stillen. Wer sich zeit seines Lebens vertrauensvoll mit der großen Überfahrt beschäftigt, baut ein hoffnungsgestimmtes Verständnis vom Tode in sich auf. Wer sich das Sterben auch im Leben angelegen sein läßt, pflegt seine Sehnsucht nach dem Unendlichen und verhindert damit, daß sich sein Streben mit Endlichem zufrieden gibt. Wer so den Tod präsent hat, meditiert, betrachtet und liebt das Unendliche und den Unendlichen und erkennt in ihm den wahren Inhalt allen menschlichen Sehnens. Wer achtsam dem täglichen Tod begegnet, stärkt seinen Glauben, daß wir im Sterben in die Arme des Unendlichen fallen und dort die Umarmung ohne Ende, die bleibende Gemeinschaft ohne Tränen und ohne Abschied erfahren. Wer sich sorglos um die große Überfahrt sorgt, erfährt, was alle Mystiker erfahren haben: daß sich das Leben, das wir ohnehin lieben, im Geliebten geradezu verklärt.

X. PATHOLOGIEN VON ACHTSAMKEIT

Alles, was gerade ist, kann auch krumm werden. Da der Mensch nun einmal zugleich *sapiens* (vernünftig) und *demens* (unvernünftig) ist, haftet ihm eine strukturelle Ambivalenz an. Was der Mensch an Gutem zuwege bringt, ist nie ganz gut, und was er an Schlechtem tut, ist nie durch und durch schlecht. Immer ist es, ja ist er ein Gemenge aus Gut und Böse, aus Dia-bolischem und Sym-bolischem, aus Unvernunft und Vernunft, aus wesenhafter Achtsamkeit und aus fataler Achtlosigkeit. An dieser Grundbefindlichkeit ist, als ganze betrachtet, nichts zu ändern.Wollen wir realistisch sein, haben wir mit ihr zu leben. Weder darüber weinen noch darüber lachen bringt etwas. Die einzige Möglichkeit ist, aus der Doppeldeutigkeit zu lernen.

Die erste Lektion, die wir daraus zu ziehen haben, ist ohne Zweifel die: Ohne Nachsicht mit uns selbst geht es nicht. Mögen wir uns auch bessern, so weit wie nur möglich, immer bleibt ein Rest an Unzulänglichkeit, dem wir uns mit einem Schuß Humor und Heiterkeit zu stellen haben.

Manche Leute sind Weltmeister in Sachen Tugend. Sich selbst martern sie in einem fort, die anderen terrorisieren sie ununterbrochen und machen ihnen ihre gute Laune zunichte. Und der Grund dafür ist, daß sie unentwegt mit ihren Grenzen und Schwachpunkten hadern.

Nur als weise läßt sich da die Einsicht des Philosophen Immanuel Kant (1724–1804) bezeichnen, die er in seiner Schrift ›Idee zu einer allgemeinen Geschichte in weltbürgerlicher Sicht‹ 1784 festhält: Der Mensch sei ein dermaßen knorriges Holz, daß sich daraus wohl kaum gerade Balken sägen ließen. So ist nun mal die *condition humaine*! Deshalb führt kein Weg daran vorbei, die eigenen Grenzen ohne Murren zu akzeptieren. Aufs Ganze gesehen, sind sie unausweichlich. Als Menschen sind wir unvollkommene Wesen. Keiner von uns ist der liebe Gott.

Andere werfen in Anbetracht dieser Erkenntnis die Flinte ins Korn und hören auf, die Befindlichkeit des Menschen noch irgendwie verbessern zu wollen. Sie geben sich der Schwerkraft anheim, die alles nach unten zieht, oder auch der Bequemlichkeit – sagen wir – des Radfahrers, der eigentlich immer bergab fahren möchte. Menschen dieser Kategorie sind in der Regel schwermütig; haben sie doch die Begeisterung und die Leichtigkeit zu leben verloren.

So erschließt sich uns eine zweite Lektion: Die Tatsache, daß wir immer auch ein Pfündchen Achtlosigkeit mit uns herumschleppen, dispensiert niemanden davon, sich immer wieder um wesenhafte Achtsamkeit zu bemühen. Nachlässigkeit und Unachtsamkeit, die offenbar zum Menschen dazugehören, sollten wir weniger als Hindernis denn als Herausforderung betrachten, wesenhafte, sorgsame Achtsamkeit mitsamt ihren alternativen und vervollkommneteren Formen walten zu lassen. Achtsame Sorge ist kein Ziel am Ende des Weges. Besorgte Achtsamkeit ist ein Prinzip, das den Menschen zeit seines irdischen Lebens auf Schritt und Tritt begleitet, wie Saturn in der mythologischen Fabel des Hyginus* treffend sagt. Man kann seine Praxis von Achtsamkeit und Sorge also immer noch verbessern, unabhängig davon, ob die Umstände günstig oder ungünstig sind. Wer sich dies zur Maxime macht, spürt die Schatten des Lebens sich aufheitern und die Last der Jahre leichter werden.

1. LEUGNEN WESENHAFTER ACHTSAMKEIT

Wie die schlimmste Krankheit darin besteht, das Kranksein nicht wahrhaben zu wollen, so ist die böseste Verirrung von Achtsamkeit, sie in Abrede zu stellen. Die Folge ist, daß sich der Mensch mit Haut und Haar der zerstörerischen Logik der Daseinsweise Arbeit verschreibt, dem ungebremsten Willen zur Macht, der alle anderen mißachtenden Selbstbehauptung, dem achtlosen Umgang mit der eigenen Wohnung, mit der öffentlichen Sache oder gar mit sich selbst. Dann igelt sich der Mensch ein in seinen begrenzten Horizont und wird, da er von sorgsamer Achtsamkeit absolut nichts wissen will, grausam gegenüber sich selbst. Am Ende führt das Ganze zu Entmenschlichung und Verrohung aller Beziehungen. Theologisch heißt das die Hölle, in der sämtliche Beziehungen gekappt und alle Fähigkeiten zu Zärtlichkeit und Liebe erstorben sind. Die Bibel redet von der Bedrängnis der Trostlosigkeit. Auf dieser Grundlage wird in der Tat dann alles möglich, einschließlich des Unmöglichen.

2. ÜBERTRIEBENE ACHTSAMKEIT: BESESSENHEIT

Doch es gibt auch Leute, die übertrieben besorgt und achtsam sind. Aber auch die Übertreibung ist nicht gut. Dann hat der Mensch etwas Zwanghaftes, für alles und für alle fühlt er sich letztlich verantwortlich. »Übertriebene Wahrheit«, wußte schon Pascal, »ist schlimmer als Irrtum.« Niemand kann bloß aufmerksam und zuvorkommend sein. Achtsamkeit ist das Kernstück des Menschlichen, aber das Menschliche erschöpft sich nicht in Achtsamkeit. Auch Achtsamkeit kennt ihre auf krummen Linien geschriebene Geschichte, hat diesen und jenen Widerhall und stößt an vielfältige Grenzen, denen man sich stellen und mit denen man umgehen muß.

Mit seiner Sprache verrät der Achtsame seine Besessenheit. Ständig hört man ihn sagen: »Gib doch acht! Hab acht auf dich! Das und das solltest du be-achten!« So viel Achtsamkeit nimmt jedem Menschen die Spontaneität. Der Mensch fühlt sich dann ständig unter Druck. Ihm fehlt die Kraft, zwischen Gelingen und Mißlingen die Erfahrung von wesenhafter Achtsamkeit zu machen.

Zu viel Sorge um sich selbst führt zu Narzißmus, Aufgeblasenheit und Affektiertheit. Manche Leute stehen stundenlang vor dem Spiegel. Sie pflegen ihre Pikkel, als wollten sie Filmstar werden. Andere sind in allem, was sie tun, dermaßen sorgfältig, daß sie immerzu zu spät kommen. Sie verpassen jede Absprache und frustrieren die anderen, die sich damit um ihre Zeit betrogen fühlen.

Übertriebene Sorgfalt führt zu lähmendem Perfektionismus. Manche Menschen legen so viel Aufmerksamkeit in die Dinge, daß sie nie zu Ende bringen, was sie einmal begonnen haben. Sie verpassen einzigartige Chancen, günstige Geschäfte und großartige Möglichkeiten zu wachsen. Nicht ohne Grund fühlen sie sich ständig unzufrieden, meinen, immer noch mehr tun zu müssen, und glauben, immer noch mehr Einzelheiten bringen zu sollen. Am Ende stellen sie sich selbst ein Bein.

3. MANGEL AN ACHTSAMKEIT: UNACHTSAMKEIT

Aber es gibt auch Leute, die es an Achtsamkeit fehlen lassen. Das sind dann die Acht- und Lustlosen. Normalerweise sind sie nicht voll bei dem, was sie gerade tun. Der Grund ist entweder, daß sie – weil sie sich zuviel vorgenommen haben – ihren Mittelpunkt verloren haben, oder daß sie die Dinge, die sie tun, nicht mit ganzer Kraft tun. Was sie zuwege bringen, ist nachlässig, fahrig, unordentlich, durcheinander und chaotisch. Mit einem Wort gesagt: unachtsam. Der Betreffende wird ungeduldig und verliert Ruhe und Gelassenheit.

Wir sagten, jemand sei sorgfältig und achtsam, wenn er das rechte Maß treffe. Dies ist auch der mittlere Weg zwischen der Daseinsweise Arbeit im Sinn von Ausbeuten und der Daseinsweise Achtsamkeit im Sinn von Gestalten. Und dies ist auch der Grund, weshalb Achtsamkeit weder Übertreibung noch Untertreibung verträgt. Achtsamkeit ist der ideale Punkt, an dem sich das eine und das andere die Waage halten.

Aufgabe des Menschen ist, mittels Selbstkontrolle und Mäßigung, insbesondere aber mit der Hilfe des Geistes sich um das Gleichgewicht zu bemühen. Dabei wird uns der Geist des Lebens aber niemals fehlen. In einem mittelalterlichen Hymnus singen wir denn auch in der Pfingstliturgie bis auf den heutigen Tag: »In Ermüdung schenke Ruh, in der Glut hauch Kühlung zu, tröste den, der Tränen weint!« Die Zusage dynamischer Ausgeglichenheit ist uns gewiß.

XI. VORBILDER VON ACHTSAMKEIT

Wahre Überzeugungskraft erlangt die Daseinsweise achtsame Sorge allerdings erst dann, wenn sie an existentiellen Lebensmodellen ablesbar und in der Biographie konkreter Menschen greifbar wird.

1. DIE ACHTSAMKEIT UNSERER MÜTTER UND GROSSMÜTTER

Es gibt Menschen, welche das Phänomen Achtsamkeit und Sorge auf eine ganz besondere Weise verkörpern und ausstrahlen. Zu nennen sind da an erster Stelle unsere Mütter und die Mütter unserer Mütter, unsere Großmütter. Was jede und jeder von uns in der Begegnung mit Mutter und Großmutter erfahren hat, braucht hier nicht im einzelnen ausgebreitet zu werden. Nur so viel sei angedeutet: Die Begegnung mit der Mutter ist die Quellerfahrung jedes Menschen; denn der erste Kontinent, den ein Kind entdeckt, ist seine Mutter. Muttersein ist mehr als eine Funktion; Muttersein ist eine Daseinsweise, die alle Dimensionen des Frau- und Mutterseins einschließt: Körper, Psyche und Geist. Mit ihrer Sorge und Zärtlichkeit gebiert die Mutter ihre Söhne und Töchter ein Leben lang. Auch für den Fall, daß eines der Kinder stirbt, lebt es für immer in ihrem Herzen fort. In Momenten der Gefahr klammern sich selbst erwachsene

Männer, auf der Suche nach Vertrauen und Rettung, an ihre Mütter. Mit Hilfe der Mütter lernt jeder von uns, Mutter seiner selbst zu sein, in dem Maße, in dem er oder sie lernt, sich selbst anzunehmen, sich seine oder ihre Schwächen zu vergeben und den Traum von einem großen, alle und alles bergenden Mutterschoß zu hegen. An der Daseinsweise Mutter haben teil aber auch Erzieherinnen und Erzieher, die sich dem menschlichen, mentalen und spirituellen Wachstum der ihnen zugedachten Kinder widmen, Krankenschwestern und Krankenpfleger, die sich in Sorge um die ihnen anvertrauten Kranken verzehren, wie noch viele andere Berufe und Menschen, die sich oft unbekannterweise der Sorge um jemanden anders widmen.

2. JESUS – PERSONGEWORDENE ACHTSAMKEIT

Jesus von Nazaret ist, neben Siddhartha Gautama, genannt Buddha, eine der religiösen Gestalten, die am deutlichsten die Daseinsweise Sorge und Achtsamkeit zu erahnen geben. Weil er selbst Gott als göttlichen Vater und göttliche Mutter erfuhr, konnte er auch der Menschheit Gott als achtsame Sorge offenbaren. Gott weiß um jedes Haar auf unserem Haupt, kümmert sich darum, daß die Vögel etwas zu fressen finden, und läßt für alle die Sonne scheinen und den Regen fallen (vgl. Matthäus 5,45; Lukas 21,18). Insbesondere wandte sich Jesus den Armen und Hungrigen, den Diskriminierten und Kranken zu. Mitleid erfüllte ihn beim Anblick ihrer, und viele heilte er. Unerhört für die damalige Zeit, daß er auch etliche Frauen als Jüngerinnen um sich scharte (vgl. Lukas 8,2–3). Zärtliche Zuneigung verband ihn mit seinen Freundinnen Maria und Marta (vgl. Johannes 11,20–28; Lukas 10,38–42). Und selbst den Anzeichen möglicherweise erotischer Liebe einer öffentlichen Sünderin, die ihn küßte und ihm die Füße mit duftendem Öl salbte, entzog er sich nicht (vgl. Lukas 7,36–50).

Barmherzigkeit machte Jesus zum Schlüssel seiner Ethik. Dank praktizierter Barmherzigkeit gelangen die Menschen in das Reich des Lebens; ohne Barmherzigkeit wird niemand gerettet (vgl. Matthäus 25,36–41). Die Beispielerzählungen vom guten Samariter, der sich des Mannes erbarmt, der unter die Räuber gefallen ist (Lukas 10,30–37), und des verlorenen Sohnes, dem der Vater alles vergibt und den dieser wieder in seine Arme schließt (Lukas 15,11–32), führen uns Modelle von liebevoller Sorge und runder Menschlichkeit vor Augen.

Noch am Kreuz sterbend, wendet sich Jesus den mit ihm gekreuzigten Räubern zu und trägt Sorge für seine Mutter, die er der Obhut seines Lieblingsjüngers Johannes anempfiehlt (vgl. Johannes 19,26–27). Jesus war ein Wesen voller Achtsamkeit und Sorge. In einer herrlichen Formulierung heißt es beim Evangelisten Markus: »Nur Gutes tat er. Er machte, daß die Tauben hören und die Stummen sprechen« (Markus 7,37). Das Leben in seiner ganzen Länge und Breite lag Jesus am Herzen.

3. FRANZ VON ASSISI: GESCHWISTERLICHKEIT DES UNIVERSALEN BRUDERS

In der Überlieferung des Westens begegnet uns kaum ein so strahlendes Vorbild wie das des Franz von Assisi (1182–1226). Nichts in seinem Leben, was nicht von feinfühligster Achtsamkeit gegenüber Natur und Pflanzenwelt, Vögeln und Pflanzen, gegenüber den Armen und insbesondere gegenüber seiner Freundin und Gefährtin Klara von Assisi geprägt gewesen wäre.

Mit größter Sensibilität spürte er das Band der Brüderlichkeit und der Schwesterlichkeit, das uns mit allen Wesen vereint. Zärtlich nannte er alle Wesen Brüder und Schwestern: die Sonne und den Mond, die Ameisen und den Wolf von Gubbio. Alle Dinge haben ein Herz. Und Franz spürte den Herzschlag der Dinge. Deshalb war er von Hochachtung und Ehrfurcht einem jeden Wesen gegenüber erfüllt, mochte es noch so unscheinbar sein. Im Klostergarten sollte auch das Unkraut einen Platz haben; denn auch das Unkraut lobe auf seine Weise ja den Schöpfer.

Den Biographen der Zeit, wie den Mitbrüdern des Heiligen aus Assisi, Thomas von Celano und Bonaventura, blieb das Einzigartige solch poetischen Verhaltens nicht verborgen. Deshalb schreiben sie, Franz habe »die ursprüngliche Unschuld wieder zum Leuchten gebracht«, er sei »der neue Mensch, den der Himmel der Welt geschenkt« habe, ja, er stelle so etwas dar wie »den Evangelisten der neuen Zeit«.

In der Tat, angesichts dessen, was eine weltweite ökologische Kultur heute erfordert, erweist sich Franz von Assisi von brennender Aktualität. Denn ohne Zweifel sind wir alle noch Vertreter der veralteten Daseinsweise von Arbeit, von Unterwerfung der Natur und von Aggression gegen die Schöpfung. Dagegen ist Franziskus mit seiner radikalisierten Daseinsweise von Hochachtung, Ehrfurcht und Geschwisterlichkeit gegenüber allen Dingen wahrlich eine Alternative.

Im Kloster Monte Alverna – dort, wo dem Heiligen

die Wundmale eingeprägt wurden – wird auf einem Pergament sein letzter Abschiedsgruß an die Kreaturen aufbewahrt. Franziskus ist schwerkrank, der Tod naht. Franz ist dabei, sich von Bruder Masseo, von Bruder Felsen und von Bruder Falken zu verabschieden. Da sagt er noch: »Io mi parto da voi con la persona, ma vi lascio il mio cuore – Ich gehe jetzt mit meiner Person, aber ich lasse euch mein Herz.« Und tatsächlich, das Herz des Franz von Assisi bedeutet einen Lebensstil, eine geniale Manifestation von Achtsamkeit und Sorge, praktizierte Geschwisterlichkeit und jugendfrisches Verzaubertsein von der Welt. Sollte es uns gelingen, in den Menschen solch ein Herz wieder zum Schlagen und in den Beziehungen solch eine Herzlichkeit wieder zum Schwingen zu bringen, dann tragen wir dazu bei, daß in die Welt von heute dieselbe Faszination für die Sinfonie des Weltalls und dieselbe Achtsamkeit für Schwester und Mutter Erde einziehen können, wie sie Franziskus beispielhaft gelebt hat.

4. MUTTER THERESA VON KALKUTTA – PRINZIP BARMHERZIGKEIT

Einer der lebendigsten Archetypen der wesenhaften Sorge und Achtsamkeit ist mit Sicherheit auch die katholische Ordensfrau Mutter Theresa von Kalkutta, die mit bürgerlichem Namen Agnes Gonxha Bojaxhio hieß (1910–1997). Von albanischer Herkunft, arbeitete sie seit 1928 in Indien als Missionarin und Lehrerin in einer Schule mit Halbinternat. Alles ging den Weg des normalen Schulalltags, bis sie nach eigenen Worten 1946 während einer Bahnfahrt eine Stimme ihr den klaren Auftrag geben hörte, aus ihrem bisherigen Kloster auszuziehen, um den Armen zu helfen und unter ihnen zu leben. Sie verstand die Stimme als Ruf Gottes. Also zog sie mit achtunddreißig Jahren aus ihrem vertrauten Kloster aus und tauschte die schwere schwarze Ordenstracht gegen einen billigen, aber praktischen Sari aus Baumwolle ein. Ihre Wohnung war fortan ein bescheidenes Haus am elenden Stadtrand von Kalkutta, und ihre Nahrung bestand seither aus Reis und Salz, mit denen sich auch die Armen zufriedenzugeben haben. Im Rhythmus, in dem ihr andere Frauen nachfolgten, entstand der Orden der *Missionaries of Charity*, der *Missionarinnen der Liebe.* Über die drei bekannten Gelübde der Armut, des Gehorsams und der Keuschheit hinaus legte sich die Gründung ein viertes Gelübde auf: »sich von ganzem Herzen und aus freien Stücken dem Dienst an den Ärmsten der Armen zu widmen«.

In Kalkutta gibt es Tausende und Abertausende von Elendsgestalten, die auf der Straße geboren werden, auf der Straße ihr Leben fristen und auf der Straße sterben. Eine der ersten Initiativen von Mutter Theresa war ein Haus der Sterbenden. Auf der Straße sammelte sie die Sterbenden auf und brachte sie in das Haus, damit sie dort in Würde aus dem Leben scheiden könnten. So begann ein Werk des Mitleids und der Barmherzigkeit, das sich zunächst über viele Städte in Indien und Pakistan, dann aber auch in anderen Ländern verbreitete, immer mit der Zielsetzung, Würde und Menschlichkeit denen zu ermöglichen, die sonst im Dreck der Straße enden würden.

Der Orden der Missionarinnen der Liebe pflegt ein Charisma, das unmittelbar mit der zum Leben notwendigen Zärtlichkeit zu tun hat – das Charisma, die Menschen an ihrer Haut, an ihrem Körper und an ihren Wunden zu berühren. »Die Menschen anfassen und waschen und ihnen zu essen geben!« spornte Mutter Theresa ihre Schwestern wie die vielen Freiwilligen, die aus aller Welt kamen und helfen wollten, immer wieder an. Auch sagte sie: »Gib Christus der Welt, halte Christus nicht für dich; und wenn du das tust, benutz deine Hände dazu!« Ihre Biographin Anne Sebba[11] weist auf einen wichtigen Punkt hin: »Die Fähigkeit, andere zu berühren, einschließlich aller daraus resultierenden Folgen im weitesten Sinn, ist gerade in einem Land wie Indien mit seinem Begriff realer ›Unberührbarkeit‹ von entscheidendem Gewicht. Hier erweist sich die wahre Wirkkraft missionarischen Geistes. Berühren ist wichtiger als Heilen.« Eine Hand, die berührt, heilt auch; denn sie bringt Zärtlichkeit, gibt verlorenes Vertrauen zurück, eröffnet Annahme und zeigt Sorge und Achtsamkeit. Wesen, die als unberührbar galten, spüren sich in dem Moment, in dem eine Hand sie berührt, zu Menschen geboren.

Im Jahr 1979 erhielt Mutter Theresa den Friedensnobelpreis. Bei der Feier der Verleihung in Oslo interpretierte sie die Anerkennung mit den Worten: »Ich nehme den Preis im Namen der Armen an … Der Preis ist eine Anerkennung für die Welt der Armen.«

Viele melden Zweifel an an der Wirksamkeit dessen, was Mutter Theresa getan hat. Anstatt die Ursachen zu bekämpfen, in deren Folge Menschen auf der Straße sterben müßten, habe sie sich nur um die Opfer gekümmert und damit lediglich die Elendssituation verlängert. Die Frage, die sich stelle, sei: Fürsorge oder Befreiung? Unsere Antwort ist eindeutig: Das eine tun, ohne das an-

[11] Sebba, Anne, Madre Teresa. Â imagem e os fatos, Petrópolis 1998.

dere zu lassen; beides macht Sinn! Mutter Theresa selbst war sich ihres Weges der achtsamen Fürsorge absolut sicher. Mit sanftem Lächeln gab sie derlei Fragestellern zur Antwort: »Während ihr noch über Ursachen und Erklärungsmöglichkeiten diskutiert, habe ich mich schon neben die Ärmsten der Armen niedergekniet und kümmere mich um ihre Not.«

Die eine Strategie macht die andere nicht ungültig. Es gibt ein Mindestmaß an Menschenwürde, das immer gewahrt sein muß. Konkret: Im Angesicht des Todes muß Leben gerettet werden. Doch so ein Verhalten hat nichts mit Fürsorgeideologie zu tun, sondern ist grundlegende Menschlichkeit, in deren Ermangelung Erbarmungslosigkeit und Zynismus das Feld beherrschen würden. Aus diesem Grund müssen wir in die Hand eines Hungernden stets Brot legen. Hunger kann nicht warten. Mutter Theresa hätte sich nicht besser ausdrücken können: »Die Leute, die zu mir kommen, sind Kranke und Sterbende. Sie sind so schwach, daß sie keine Angelrute mehr halten können. Deshalb müssen wir ihnen zuerst den Fisch geben. Die Angelrute kommt vielleicht später.« Unbeschadet dessen müssen wir natürlich die strukturellen Ursachen immer im Visier haben und zur Veränderung der Gesellschaft unseren Beitrag leisten, damit niemand alleingelassen auf der Straße zu sterben braucht. Beide Strategien werden aus Mitleid, Sorge und wesenhafter Achtsamkeit geboren. Bei der einen bedienen wir uns der Hand, mit der wir die Menschen anrühren, bei der anderen strecken wir den Arm aus, um bis an die Strukturen heranzukommen.

Andere kritisierten die Einfältigkeit, mit der Mutter Theresa Unterstützung auch von offenkundigen Unterdrückern annahm, wie von Duvalier, dem Despoten von Haiti, oder von dem nordamerikanischen Multimillionär Charles Keating, der mit Anleihen und Krediten seine betrügerischen Geschäfte betrieb. Dazu läßt sich folgendes sagen: Die Welt von Mutter Theresa war aus makelloser Güte gemacht, ohne jedweden Hintergedanken oder Opportunismus. Was sie im Auge hatte, war nicht die Hand des Gebenden, sondern waren all die Hände ihrer Kranken und Sterbenden, die ja auf Hilfe angewiesen waren. Alles, was geeignet schien, ihnen ihre Würde als Menschen wiederzugeben, machte für sie Sinn und war eine berechtigte Sache, ohne daß sie damit die doppeldeutigen Spiele der Geber hätte rechtfertigen wollen.

Oft genug ließ sich Mutter Theresa vom kirchlichen Apparat benutzen, um auf weltweiten Foren dessen offiziellen Thesen in Sachen Geburtenkontrolle, Abtreibung und weibliches Priestertum vorzutragen. Doch zwischen derlei Rechtgläubigkeiten und ihrer täglichen Praxis lagen Welten. Gleichwohl ließ sie sich gehorsam dazu bewegen, alle diese Positionen zu verteidigen.

Ungeachtet all ihrer Grenzen ist Mutter Theresa ein strahlendes Beispiel exemplarischen Mit-leidens und achtsamer, warmer Sorge um die Elendsten der Elenden. Ihre Gestalt ist eine persongewordene Einladung, es dem guten Samariter gleichzutun, der sich über den am Straßenrand Liegenden beugt. Mehr als Medikamente jeder Art ist es diese Haltung von Zuwendung und Achtsamkeit, die Kranke und Sterbende heilt und ihnen das Menschsein, um das man sie betrogen hat, zurückgibt.

5. BRUDER ANTÔNIO – »JÄGER NACH LÄCHELN IN TRAURIGEN MIENEN«

Nicht minder wichtig, als das Sterben von Menschen auf der Straße mit Würde zu umgeben, ist, das Leben auch derer mit Würde zu umkleiden, die in der Gosse leben: Bettler und Besoffene, Kranke und Kaputte. Hier sieht Bruder Antônio Mendes Ferreira seine Aufgabe. Ähnlich vielen anderen, die mit Straßenkindern, vereinsamten Alten und Kranken im Endstadium arbeiten, wirkt Bruder Antônio in Petrópolis, der Residenzstadt des brasilianischen Kaisers im vorigen Jahrhundert, knapp achtzig Kilometer nördlich von Rio de Janeiro gelegen.

Bei allen persönlichen Grenzen, die ihr anhaftet, strahlt die Person des Bruders Antônio ein beeindrukkendes Maß an Güte und Ehrerbietung aus. Lange Jahre fuhr der gebürtige Portugiese zur See. Die Straßen der Ozeane und das Schweigen der Meere hätten seinen ohnehin unstillbaren Hunger nach Glück nur noch potenziert, sagt er. Wo immer sein Schiff angelegt habe, in keinem Hafen habe er dieses Glück gefunden. Nach vielem Nachdenken und ebenso vielem Beten zu Gott sei ihm klar geworden: »Das Glück, das ich suche, kann nur die Frucht dessen sein, daß ich mich dem anderen schenke. Und mein Mich-dem-anderen-Schenken ist nur dann echt, wenn es mir gelingt, ein trauriges Gesicht zum Lächeln zu bringen.«

Eines Tages sei ihm in irgendeinem Hafen auf dem Globus eine dermaßen elende Gestalt begegnet, daß es ihn nur geekelt habe. Doch trotz des Ekels habe er sich auf eine Unterhaltung mit dem Kerl eingelassen. Und das Gespräch sei zur Sache gegangen. Offenbar solchermaßen über die Unterhaltung mit dem Fremden erfreut, habe sich im Gesicht des Bettlers ein Lächeln eingestellt. Das habe genügt! In Antônio Mendes Ferreira ergoß sich ein unsagbares Glück. Der Schlüssel zum glücklichen Leben lag vor ihm: sich um die Verdammten und Verletzten der Straße kümmern und, wie er selber sagt, zu einem Jäger nach Lächeln in traurigen Mienen werden.

Um seinem Ideal besser nachkommen zu können, trat der Seemann in den Orden des Johannes von Gott ein, eines portugiesischen Heiligen in der ersten Hälfte des 16. Jahrhunderts. Im spanischen Granada verschrieb sich Johannes dem Dienst an den Armen auf der Straße, besonders den versprengten Muslimen, von denen die Christen nichts mehr wissen wollten.

Mit dem Ansinnen, in Südamerika den Armen zu dienen, kam Bruder Antônio nach einigen Jahren nach Brasilien. In Petrópolis schloß er sich der ›Pastoral der Menschen auf der Straße‹ an, die in der Stadt gerade gegründet worden war. Unverzüglich fing er an, in den Straßen Elendsgestalten aufzusammeln. Er besorgte ihnen eine warme Suppe und einen Platz zum Schlafen. Doch schon bald kam es zu Konflikten mit Stellen im Orden. Eines Tages bat ihn einer der betrunkenen Stadtstreicher, mal duschen zu können. Also nahm er den Mann mit in sein Kloster. Doch der Obere sagte nein. Was blieb Antônio anderes übrig, als in einem anderen Konvent anzukopfen? Auch hier dieselbe Antwort: nein. Nicht anders in einem dritten und einem vierten Konvent. Aber Bruder Antônio gab nicht auf. Mit »Auch Habenichtse müssen wenigstens von Zeit zu Zeit mal duschen können! Ist denn das zuviel?« rückte er den entsprechenden Stellen im Orden – allesamt dem Gelübde der Armut verpflichtet – immer wieder aufs Fell. Doch jedesmal rannte er vor verschlossene Türen, bis man ihm schließlich nahelegte, den Orden der Brüder des Heiligen Johannes vom Kreuz zu verlassen.

Also wechselte Antônio Mendes Ferreira den Schützengraben, den Kampf aber gab er nicht auf. Allein setzte er seine Arbeit auf der Straße fort, von morgens bis abends, sammelte Bettler und Betrunkene und brachte sie in einen Schuppen an der Straße des 24. Mai. Hier konnten sie duschen, sich rasieren und die Kleidung wechseln, hier bekamen sie eine warme Suppe, und hier konnten sie auch schlafen. Das Ziel, das er sich gestellt hatte, war und ist: Menschen, die auf der Straße gelandet sind, ihre Würde zurückgeben.

Nach einiger Zeit mauserte sich der Schuppen zur ›Unterkunft vom Heiligen Johannes von Gott‹, prekär in vielerlei Hinsicht, aber offen für alle. Niemand muß ein Papier ausfüllen, keiner braucht einen Ausweis vorzulegen. Wer da ist, ist da, duscht und kriegt ein Bett. Auf der Straße des 24. Mai haben die Verdammten der Straße ein Heim bekommen.

In dem Maße, in dem sich die Armen der Straße immer wieder trafen, ließen sie auch nach und nach die Finger vom Alkohol. Es entstand eine regelrechte Bewegung zur Vermittlung von Arbeit. Wer eine Arbeit findet, kann ins ›Bento-Meni-Gasthaus‹ ziehen, das Bruder Antônio mittlerweile einrichten konnte. Hier dürfen die Menschen wohnen, und hier finden sie eine elementare Infrastruktur. Für die, die meinen, auf dem Land ihr Leben wieder in den Griff zu bekommen, und in der Landwirtschaft arbeiten wollen, gibt es inzwischen in Brejal, am Rande des Stadtkreises Petrópolis, so etwas wie einen Bauernhof. Männer und Frauen, die hier zusammen mit Kindern und alten Leuten leben, bauen in Brejal Gemüse an und züchten Vieh.

Getragen wird das Ganze ausschließlich vom guten Willen der Bevölkerung. Andere Gelder fließen nicht in das Werk. Die Unterstützung, die Bruder Antônio findet, ist jedoch so reichlich, daß er darüber hinaus am Rande der Stadt eine stattliche Halle bauen konnte, in der heute die ›Emmaus-Wiederverwertungs-Gruppe‹ arbeitet. Alles, was hier landet, ob Papier, Plastik, Flaschen oder Küchenreste, wird wiederverwertet und den örtlichen Industriebetrieben zur Wiederverarbeitung angeboten. Männer und Frauen, die auf der Straße leben, kommen und gehen, arbeiten eine Weile mit und verdienen sich hier ihren Lebensunterhalt. Antônio träumt von einem ›Dorf der Gastfreundschaft‹ mit an die fünfzig kleinen Häusern. Hier – so stellt er sich vor – sollten die, die ein neues Leben anfangen wollen, gemeinsam wohnen. Die brasilianische Königsfamilie, die ja noch immer in Petrópolis lebt, hat ihm zu diesem Zweck bereits ein schönes Grundstück geschenkt, und drei Häuser stehen schon.

Die Würde der Menschen auf der Straße, so Bruder Antônio, hängt davon ab, ob wir ihnen Wert beimessen. Ihnen Wert beimessen aber heißt konkret: sie Güte erfahren lassen, sie aufnehmen, sich ihr Klagen anhören, sie anfassen und sie in den Arm nehmen, damit sie auf diese Weise wieder zu Selbstwertgefühl kommen. Haut, die andere Haut berührt, läßt verlorenes Menschsein wiedergeboren werden. Wenn sich die Leute treffen, macht er ihnen klar: »Wir sind hier, nicht so sehr, um dies oder das zu produzieren, sondern um zusammenzustehen, um die gekappten Bande unseres gemeinsamen Menschseins wieder zusammenzuknüpfen, um unsere

Sachen, Ideen und Träume zusammenzutragen.« Wer die Gedemütigten und Verletzten je einmal gehört hat, ist ganz gerührt, mitzubekommen, wie sie ihre Wünsche in Gebete kleiden und ihre Träume feiern, zugleich aber auch ihr Scheitern beklagen und ihr Leid an ihrem Außenseitersein beweinen, in das sie eine erbarmungslose Gesellschaft gestoßen hat.

Mit der Arbeit sollen all die Randexistenzen nicht einfach ihren Lebensunterhalt bestreiten, sondern vor allem Disziplin lernen und das Gefühl wiederbekommen, selbständige Menschen zu sein. Dabei geht Bruder Antônio so vor, daß er nach Möglichkeit alte Menschen und Kinder, die auf der Straße leben, zusammenbringt. Ausgangspunkt für seine Vorgehensweise ist die Feststellung, daß Kinder Liebe brauchen und daß ältere Menschen sehr wohl Liebe spenden können, aber auch gern Zärtlichkeit erfahren. Daß sich beide Altersgruppen ergänzen, bewirkt bei den einen wie bei den anderen ein gutes Stück Vermenschlichung: Die Kinder fühlen sich unterstützt, und die Alten spüren, daß sie nicht mehr unnütz sind und geliebt werden.

Die Achtsamkeit, mit der sich Bruder Antônio dafür engagiert, daß die Armen wieder Würde erfahren, speist sich aus einer Mystik der Solidarität. Sein Motto hat er bei Paulus gefunden: »Allen bin ich alles geworden, um wenigstens einige zu retten« (1 Korinther 9,22). Damit will er den Raum der Armen aber nicht religiös überhöhen, vermenschlichen will er ihn. Was der einzelne an religiösem Gepäck mitbringt, benutzt er als Startkapital in Richtung Vermenschlichung und Wiedereingliederung, das er in Gebet, Danksagung und lebendigen Gottesdienstfeiern ebenso vorsichtig wie geschickt einsetzt. Auch in diesem Fall wird wesenhafte Achtsamkeit zu einem Werk der Befreiung für die Ärmsten der Armen, allerdings nicht mehr bloß, daß sie menschlich sterben können, sondern daß sie in einem Mindestmaß menschlich leben können.

6. MAHATMA GANDHI – POLITIK ALS ACHTSAME SORGE UM DAS VOLK

Eine Gestalt, die das ganze 20. Jahrhundert beeindruckt hat, ist sicher Mohandas Karamchand Gandhi (1869–1948), genannt Mahatma Gandhi. ›Mahatma‹ heißt übersetzt soviel wie ›Große Seele‹. In Indien geboren, studierte Gandhi in London Rechtswissenschaft. Mehr als zwanzig Jahre (1893–1915) arbeitete er als Anwalt in Südafrika und verteidigte dort indische Einwanderer in Sachen Rassendiskriminierung. Während dieser Zeit erfuhr er von den Idealen des großen russischen Schriftstellers Lew Tolstoj (1828–1910), des Verfassers der berühmten Romane ›Krieg und Frieden‹ und ›Anna Karenina‹. Tolstoj sah den Kern der Botschaft Jesu in der Bergpredigt, will sagen: in Liebe, Gewaltfreiheit, Ehrfurcht vor den Armen und einfachem Lebensstil. Gandhi ließ sich von Tolstojs Vorstellungen tief beeindrukken. Unter seinem Einfluß gelangte er schließlich selbst zu seiner Sicht von Gewaltfreiheit und politischem Engagement als achtsame Sorge um das Volk. Mit Freunden gründete er eine Landkommune, der er den Namen ›Lew Tolstoj‹ gab und auf der die Gruppe versuchte, nach den Idealen des Meisters zu leben.

Nach Indien zurückgekehrt, begann Gandhi, das Volk für den Kampf gegen die britische Herrschaft zu sammeln. Mittel dazu war ihm anfangs der Boykott englischer Produkte, vor allem englischer Stoffe. Als Gegenmaßnahme regte er die Wiederbelebung der indischen Tradition an, Kleidung in heimischer Handarbeit herzustellen. Ein weiteres Instrument, das er einsetzte, waren seine Aufrufe zum zivilen Ungehorsam. Mehr als einmal landete er im Gefängnis. Berühmt wurde sein Demonstrationsmarsch zum Meer 1930. Aufgrund eines Dekretes der britischen Kolonialherren war es den Indern verboten, Salz zu kaufen, das nicht durch das Monopol der britisch-indischen Regierung vermarktet worden wäre. Also führte er Hunderttausende von Menschen zum Meer, wo sie sich das Salz nehmen sollten, das sie brauchten. Wenngleich wiederum verhaftet, erreichte er dennoch die vollständige Aufhebung des Salzmonopol-Gesetzes.

Für Gandhi war Politik »eine Geste der Liebe zum Volk«. Oder anders gesagt, Gandhi verstand Politik als achtsame Sorge um das Wohlergehen aller und als wesenhafte Zärtlichkeit gegenüber den Armen. Er selbst bekennt: »Ich bin in die Politik gegangen aus Liebe zu den Schwachen. Ich habe unter den Armen gewohnt. Parias habe ich zu mir eingeladen. Ich habe dafür gekämpft, daß sie die gleichen politischen Rechte bekämen wie wir. Könige habe ich herausgefordert. Wie oft ich im Gefängnis gesessen habe, weiß ich nicht mehr.«

Zwei Grundprinzipien waren die Richtschnur für sein Engagement: die Kraft der Wahrheit (*satiagra*) und aktive Gewaltfreiheit (*ahimsa*). Gandhi glaubte fest daran, daß die Wahrheit dank ihrer selbst eine unbesiegbare Kraft hat und daß Manipulation, Gewalt, Waffen und Gefängnis nichts gegen sie auszurichten vermögen. Er war zutiefst davon überzeugt, daß hinter allen Konflikten eine verborgene Wahrheit steckt, die es nur herauszuarbeiten gilt. Aufgabe des Politikers ist, an die Wahrheit zu glauben, sie für alle sichtbar zu machen, sich in absolutem Einklang mit ihr zu verhalten und dabei auch bereit zu sein, Opfer, die solch eine Einstellung kostet, auf sich zu nehmen. Es war sein unerschütterlicher Glaube, daß die Wahrheit immer – wenn auch manchmal spät – siegt.

Das Vertrauen auf die Kraft der Wahrheit führte ihn zur Option für die Gewaltfreiheit (*ahimsa*). Gewaltfreiheit heißt nicht, die Hände in den Schoß zu legen. Gewaltfreiheit heißt, alle friedlichen Mittel einzusetzen, um die erwünschten Ziele zu erreichen. Wichtig dabei ist, daß Mittel und Zweck dieselbe Qualität haben. Gute Ziele sind nur mit guten Mitteln zu erreichen. So bedeutet aktive Gewaltfreiheit zum Beispiel: Straßen besetzen, massenhafte Demonstrationen veranstalten, öffentliches Fasten ansetzen, Gottesdienste programmieren und letztlich auch nicht den eigenen Körper schonen, wenn es gilt, Gewalt einzudämmen. Aus dieser Einstellung heraus kritisierte Gandhi Dänemark, als es sich angesichts der Invasion durch die Nazis einfach ergab. Statt dessen hätten die dänischen Soldaten den Deutschen mit ihren Körpern unbewaffnet Widerstand bieten müssen. Sinn der aktiven Gewaltfreiheit ist ja nicht, der einen oder der anderen Seite zum Sieg zu verhelfen, sondern jene Wahrheit zum Tragen zu bringen, die hilft, auf der Grundlage gleichberechtigter Teilhabe, tätiger Zusammenarbeit und engagierter Solidarität unter allen eine aufbauende soziale Macht auf die Beine zu stellen.

In Gebetsform verfaßte Gandhi ein kleines Glaubensbekenntnis, das er täglich sprach: »Ich werde vor niemandem auf der Erde Angst haben. Allein Gott will ich fürchten. Ich werde niemandem Böses wünschen. Aber ich werde auch von niemandem Ungerechtigkeiten hinnehmen. Ich werde die Lüge mit der Wahrheit besiegen. Und in meinem Widerstand gegen die Lüge bin ich bereit, jede Art von Leiden auf mich zu nehmen.«

Gandhi war ein ausgesprochen religiöser Mensch. Das Christentum kannte er eingehend, und Jesus verehrte er tief. Dennoch blieb er seiner indischen Religion treu; denn er ging davon aus, daß es in allen Religionen im Grunde um ein und dieselbe göttliche Wahrheit geht, die sie nur auf unterschiedliche Weise zum Ausdruck bringen. Er war fest davon überzeugt, daß Gebet und Fasten politische Situationen verändern können. Geriet die Politik wieder einmal in eine ernsthafte Krise, widmete er sich dem Gebet und fastete wochenlang. Die Massen lud er ein, es ihm gleichzutun. So erfüllte er die britischen Kolonialherren mit Angst, und widerstrebende Kräfte machte er zunichte.

Mit welchem Wesen er es auch zu tun hatte, allem und allen begegnete er mit der größten Achtsamkeit. Wie ein Glaubensgebot predigte er: »Auch das unbedeutendste der Geschöpfe sollst du lieben. Wer das nicht tut, wird Gott nie von Angesicht zu Angesicht schauen.« Er war bestrebt, mit allen Lebewesen in Harmonie zu leben. Aus diesem Grund verzichtete er auf Fleisch und Milch – auf letztere, weil diese der Kuh als heiligem Tier mit Gewalt geraubt worden sei. Wohl aber trank er Ziegenmilch, die er allerdings selber molk. Mit seiner Genügsamkeit und seinem Fasten wollte er dem Leben seine Ehrerbietung erweisen, gleichsam um allen Dingen zu sagen: »Ihr könnt ganz ruhig bleiben. Ich tu euch kein unnötiges Leid an. Ich nehme mir nur das absolut Notwendige, damit mein Körper passabel leben kann.«

Daß Indien schließlich am 15. August 1947 von Großbritannien unabhängig wurde, verdankt es weithin dem Einsatz Gandhis. Aufgrund der dann ausbrechenden religiösen Auseinandersetzungen zwischen Hindus* und Muslimen wurde das Land jedoch, gegen Gandhis Willen, geteilt: in Indien mit einer mehrheitlich hinduistischen Bevölkerung und in Pakistan mit einer größtenteils muslimischen Bevölkerung. Die Teilung besteht bis auf den heutigen Tag fort. Wenige Monate später wurde der Messias der Gewaltfreiheit Opfer der Gewalt. Am 30. Januar 1948 wurde er von einem fanatischen Brahmanen erschossen. Das Volk gab ihm den Ehrentitel ›Mahatma‹.

Zusammenfassend können wir festhalten: Mahatma Gandhi hinterließ den Menschen das bleibende Erbe, daß sich persönliche Heiligkeit durchaus mit politischem Befreiungsengagement zu einer Einheit verbinden läßt. So verstandene, auf der Leidenschaft für Wahrheit und Gewaltfreiheit gründende persönliche Heiligkeit führt dazu, daß Politik zu mehr wird als zur bloßen Ausübung öffentlicher Macht. Politik wird zu von Liebe motivierter, sorgsamer Achtsamkeit für das Leben und zum ethisch bestimmten Engagement für das Wohl des ganzen Volkes.

7. OLENKA UND TANJA – ACHTSAME SORGE IM GEWAND RETTENDER GASTFREUNDSCHAFT

Gastfreundschaft ist die Tugend vor allem von Nomaden, Migranten und Wallfahrern. Wallfahrer aber sind wir in gewisser Weise alle, unterwegs auf den Straßen des Lebens und nicht selten mit Ausländern als Nachbarn, die ja in besonderer Weise der Gastfreundschaft bedürfen. Ohne Gastfreundschaft würden Menschen, Gemeinschaften und Völker weder ein wohlwollendes Hin und Her erfahren noch das Band von Frieden und Freundschaft untereinander genießen können.

Gastfreundschaft kann eine der Ausdrucksformen besorgter Achtsamkeit sein. Es gibt Augenblicke, in denen zu Gastfreundschaft gewordene Achtsamkeit Menschen in Gefahr retten kann. Die Erfahrung machte etwa der rumänische Jude Michael Stivelman, der seit 1948 als Unternehmer in Rio de Janeiro lebt und inzwischen brasilianischer Staatsbürger ist.

In seinem Buch *Der Marsch*[12] schildert Stivelman eine der perversen Methoden, mit denen die Nazis in Rumänien Juden liquidierten. Die Menschen mußten Tag und Nacht durch das Land ziehen, hin und her, ziellos, beschimpft und mit Steinen beworfen, bis sie erschöpft und verhungert umfielen.

Stivelman war gerade dreizehn Jahre alt, als er auf den verhängnisvollen Marsch geschickt wurde. In seinem Buch beschreibt er unfaßbare Barbareien und Akte unvorstellbaren Verrats, zugleich aber auch Taten rührender Gastfreundschaft. Nachdem der Marsch drei Monate ohne Halt unterwegs war, gelang es dem halbtoten Jungen, mit seiner fast sterbenden Mutter zu entkommen. Eine Dorfbewohnerin namens Olenka und deren Tochter Tanja versteckten sie. Unter Einsatz ihres eigenen Lebens wagten die beiden, das Leben unbekannter Menschen in Todesgefahr zu retten. Nach Monaten konnten sich Stivelman und seine Mutter das erste Mal wieder waschen. Die Wunden, die sie am ganzen Leib hatten, wurden ihnen verbunden. Zu essen bekamen sie von der

12 Stivelman, Michael, A marcha, Rio de Janeiro 1998.

ohnehin knappen Ration der Dorfbewohnerinnen. Und schlafen durften sie in deren Betten.

Olenka und Tanja offenbaren etwas vom Kern des Menschen, der unter anderem ja aus achtsamer Sorge und besorgtem Mitleid gemacht ist. Wegen ihrer tiefen Menschlichkeit wird Michael Stivelman die rumänischen Frauen stets im Gedächtnis bewahren. Was sie dem Jungen und seiner Mutter angedeihen ließen, ist mehr als das physische Leben, es ist das grundlegende Vertrauen darauf, daß das Leben eine gute Sache ist. Trotz aller nur möglichen Ab- und Verirrungen zielt das Leben in eine unantastbare, heilige Richtung. Es lohnt, getragen von Achtsamkeit und Zärtlichkeit das Leben zu leben.

8. JOSÉ DA TRINO – PROPHET DES PRINZIPS LIEBENSWÜRDIGKEIT

Jede Zeit hat ihre Propheten – die Ungerechtigkeiten anklagen und gerechtere Verhältnisse ansagen, die Verzweifelte trösten und die Flamme der Hoffnung nicht erlöschen lassen. Im ersten Kapitel des vorliegenden Buches hatten wir argumentiert, unserer Zeit mangle es generell an Sorge und Achtsamkeit sowie an Hochherzigkeit und Liebenswürdigkeit in den zwischenmenschlichen und gesellschaftlichen Beziehungen. Das Stigma trifft an erster Stelle große städtische Agglomerationen, wie etwa Rio de Janeiro. Die frühere brasilianische Hauptstadt ist ein Ort, an dem sich die Liebenswürdigkeit des Gesamtbildes in der ökologischen Komposition aus Meer, Bergen und Wald, aber auch im Humor und in der Leichtigkeit der Menschen von der großzügigsten

Seite zeigt. Nach und nach jedoch ließen Gewalt gegen Straßenkinder, sich häufende Überfälle und immer hektischer werdender Verkehr die sozialen Beziehungen auch in Rio de Janeiro zusehends brutaler werden. Da trat ein Mann mit Namen José da Trino (1917–1996) auf den Plan. José da Trino fing an, als Alternative für Stadt und Menschheit Hochherzigkeit und Liebenswürdigkeit zu predigen. Gerade auf die Schichten des einfachen Volkes machte er solch einen Eindruck, daß sie ihm den Spitznamen ›Prophet Liebenswürdigkeit‹ gaben.

Wie jeder echte Prophet unter den jeweils vorfindlichen Bedingungen seiner Zeit, spürte auch da Trino eine göttliche Berufung in sich. Im Norden der Stadt, in Guadalupe, unterhielt er ein kleines Fuhrunternehmen, das ihm ein Leben im bescheidenen Rahmen der dort ansässigen Arbeiterbevölkerung ermöglichte. Da, am 17. Dezember 1961, passierte es: Auf der anderen Seite der Guanabara-Bucht, an deren östlichen Ufern Rio de Janeiro liegt, geriet in der Stadt Niterói ein dort gastierender US-amerikanischer Zirkus in Brand. An die vierhundert Menschen starben in den Flammen. Die Tragödie erschütterte da Trino. Sechs Tage nach dem Unglück – der Mann war gerade mit seinem Lastwagen unterwegs, um Waren auszuliefern, und die Uhr zeigte kurz vor ein Uhr mittags – traf ihn die prophetische Berufung. Für José da Trino stand außer Zweifel: Gott selbst sprach ihn an, dreimal hintereinander, und befahl ihm, alles aufzugeben und die Opfer des Zirkusbrandes in Niterói zu trösten. An Heiligabend des Jahres 1961 nahm er seinen Lastwagen, kaufte zwei Fässer mit je hundert Litern Wein, fuhr nach Niterói und fing an, am Schiffsanleger in Pappbechern Wein auszuschenken, für jeden, der wollte. Wie ein Marktschreier rief er: »Wer Wein will, mag sich bedienen! Kostet nichts! Nur freundlich drum bitten! Und's Danke-schön nicht vergessen!«

Wenig später ließ sich da Trino an der Stelle des Brandes nieder. Vier Jahre lebte er dort. Er umzäunte das Areal und bepflanzte es mit Blumen, so daß es zu einem herrlichen Garten wurde. Das Eingangstor durfte nicht fehlen – und natürlich auch nicht der Ausgang. Über dem Eingangstor brachte er die Inschrift an: »Willkommen im Paradies der Liebenswürdigkeit. Eintritt frei. Rauchen nicht gestattet. Unerwünscht auch unanständige Reden. Hier ist jetzt ein heiliger Ort.«

Für alle, die traurigen Herzens kamen, hatte er ein tröstendes Wort: »Dein Papa, deine Mutti, deine Tochter, dein Sohn sind nicht gestorben. Gestorben ist der Körper, der Geist lebt. Gott hat sie, Gott hat ihn gerufen. Auch der schlimmste Sünder ist gerettet. Gott ist nicht nachtragend, Gott rächt sich an niemandem. Gott hat mich geschickt. Ich soll euch allen Trost spenden.« Und in der Tat, wer immer kam und ein Ohr für José da Trino hatte, ging nicht ohne Trost nach Hause.

So merkwürdig es klingt, wie schon die Propheten der Bibel, so sah auch ›Prophet Liebenswürdigkeit‹ in allem, was geschah, einen tiefen Sinn. Der Zirkus erinnerte ihn daran, daß die Welt auch so etwas wie ein Zirkus, ein Theater und ein Schauspiel ist. Daß er dann abbrannte, war für ihn ein Bild dafür, daß eine Welt ohne Fundament aus Liebenswürdigkeit und Zweckfreiheit unweigerlich zusammenbricht. Was er bei einer bestimmten Gelegenheit einmal sagte, hätte kaum klarer sein können: »Daß ein Zirkus in Niterói abbrennt und kaputtgeht, spricht Bände. Und genau das ist auch mit der Welt passiert. Die Welt ist rund, und der Zirkus ist rund. Und darum ist auch die Welt kaputt.« Die Alternative zu einer solch ruinierten Welt sah er einzig darin, daß die Menschen wieder Liebenswürdigkeit und Dankbarkeit an den Tag legen.

José da Trino nahm seine Berufung ernst. Er ließ sich einen weißen Kittel schneidern, nahm einen Wanderstab und besorgte sich eine Standarte mit lauter Aufschriften voller Bezügen zum Thema Zuvorkommenheit und Liebenswürdigkeit. Er wanderte durch ganz Brasilien, vor allem durch den Norden und Nordosten des Landes. Schließlich blieb er in Rio de Janeiro hängen. Überall in der Stadt tauchte er auf, predigte auf den Plätzen und verkündete sein Anliegen auf den Fähren zwischen Rio und Niterói. Ständig lebte er unter den Leuten.

Ab 1980 begann eine neue Phase seines prophetischen Schaffens. Inzwischen war die Brücke zwischen Rio de Janeiro und Niterói über die Guanabara-Bucht fertiggestellt worden. An die fünfundfünfzig Träger der Brücke auf der Seite von Rio de Janeiro, im Stadtteil Cajú, malte er seine Lehren. Immer wieder waren Anklagen zu lesen gegen die Zerstörung der Natur durch, wie er sagte, den »Teufel Kapital«. Den Schwerpunkt in seinen Beschriftungen aber legte José auf Hochherzigkeit und Liebenswürdigkeit. Um sein Anliegen zum Ausdruck zu bringen, bediente er sich der Sprache, die ihm vertraut war: der katholischen Symbolik von der Dreifaltigkeit. Alles, was er auf die Pfeiler der Brücke pinselte, war gedacht und zum Ausdruck gebracht im Namen des Vaters, des Sohnes und des Heiligen Geistes. Überraschenderweise benutzte er dabei aber nicht nur die Dreifaltigkeits-Begrifflichkeit, die ja gemeinhin bekannt ist, sondern auch die Vierfältigkeits-Terminologie, von der man normalhin weniger weiß. Bezeichnenderweise konnte der Schweizer Psychoanalytiker Carl Gustav Jung (1875–1961), der sich gründlich mit den Symbolen für Ganzheit befaßte, nachweisen, daß die christliche Dreieinigkeit nicht nur eine Lehre darstellt. Die Rede von der Dreifaltigkeit oder Dreieinigkeit ist nämlich eine Sprachfigur für integrierte Gesamtheit. Um dies zu vermitteln, benutzt Jung das Symbol ›Drei‹: Vater, Sohn und Heiliger Geist, oder auch die Zahl ›Vier‹: Vater, Sohn, Heiliger Geist und Natur bzw. Maria. Das vierte Element, so Jung, ist stets weiblich.

Die Zahlen ›Drei‹ und ›Vier‹ würden mißverstanden, begriffe man sie allein als mathematische Größen. ›Drei‹ und ›Vier‹ transportieren Archetypen* bzw. numerische Symbole für die Erfahrung von Ganzheit. ›Drei‹ steht für Ganzheit nach innen und ›Vier‹ für Ganzheit nach außen hin betrachtet. Damit aber bedeutet die Summe von ›Drei‹ und ›Vier‹, das heißt die ›Sieben‹, den Archetypen für eine Gesamtheit, die alle Dimensionen umgreift: Gott und Weltall, Mann und Frau.

Als ob ›Prophet Liebenswürdigkeit‹ um diese ganze archetypische Symbolhaftigkeit wüßte, malt er sie unmißverständlich an die Brückenpfeiler in Cajú. Wenn er zum Beispiel vom Weltall handelt, schreibt er *Univvverrssum*, um allein durch die Schreibweise das Wirken der drei göttlichen Personen (*vvv*) zu verdeutlichen, insbesondere das des Sohnes (*rr*) und das des Heiligen Geistes (*ss*). Auch die Liebe (*amor*) denkt José da Trino immer trinitarisch. Aus diesem Grund schreibt er *Amorrr* – und erklärt: »Materielle Liebe schreibt man mit einem *r*, universale Liebe aber mit drei *r*. Das eine steht für den Vater, das andere für den Sohn und das dritte für den Heiligen Geist, der *Amorrr* ist.« An anderen Stellen fügt er zu Vater, Sohn und Heiligem Geist noch die *Natur* oder *Nossa Senhora* (Unsere Liebe Frau) hinzu. Dann liest man plötzlich an einem der Brückenträger: *P-F-E-N*, für *Pai* (Vater), *Filho* (Sohn), *Espírito Santo* (Heiliger Geist) und *Natureza* (Natur) oder *Nossa Senhora* (Unsere Liebe Frau).

Gleichwohl, das maßgebende Prinzip war und blieb für ihn die Liebenswürdigkeit, verstanden als umfassende Daseinsweise. Gelegen oder ungelegen, unermüdlich verkündete er: »Liebenswürdigkeit zeugt Liebenswürdigkeit.« – »Gott Vater ist Liebenswürdigkeit, die Liebenswürdigkeit zeugt.« Hatte er sich zu bedanken, weigerte er sich, das in seiner portugiesischen Landessprache übliche »*Obrigado*« zu sagen, was wörtlich übersetzt soviel heißt wie: »Ich bin dir *verpflichtet*«. Sein Argument, niemand sei irgend jemandem zu irgend etwas verpflichtet. Wohl aber sollten wir zuvorkommend und liebenswürdig zueinander sein und einander liebevoll begegnen. Statt »*Obrigado*« sollten wir deshalb lieber »*Agradecido – Verdankt* oder *Begnadet*« sagen und statt »*Por favor - Aus Gefälligkeit*« (im Sinn von »*bitte*«) lieber »*Por gentileza – Aus Liebenswürdigkeit*«. Denn so – meinte er – zeigten wir unsere Verbindung mit *der* Liebenswürdigkeit und mit *der* Gnade, die ja in beiden Fällen Gott ist, der alles mit Liebe und Liebenswürdigkeit, mit Gnade und aus purer Zweckfreiheit geschaffen hat.

Wenn Blaise Pascal, wie wir sahen, vom *Esprit de finesse* – vom *Geist der Feinheit* – spricht, dann war der Brasilianer José da Trino vom *Esprit de gentilesse* - vom *Geist der Liebenswürdigkeit* – durchdrungen und unterschied sich damit grundsätzlich in nichts von dem französischen Philosophen. Da Trinos Geist hallt wieder aus den Begriffen, die er sich auf seinen Kittel klebte und auf die Pfeiler unter der Brücke malte: Liebenswürdigkeit, Liebe, Schönheit, Vollkommenheit, Güte und Reichtum der Natur. Diese quellhafte Liebenswürdigkeit predigte José da Trino nicht nur, er lebte sie mit seiner ganzen Person. Allen begegnete er mit unsäglicher Zuvorkommenheit. Schimpfte man ihn einen Verrückten, gab er zur Antwort: »Verrückt, dich zu lieben, und verschroben, dich zu retten.« Manchmal sagte er dann auch: »Ja, du tätest gut daran, verrückt zu sein wie ich, aber verrückt bitte nach Schönheit, nach der Natur und nach allem, was mit Gott zu tun hat.«

Daß das Prinzip Liebenswürdigkeit auch weltweite Bedeutung hat, war für ihn ganz klar. Während der Konferenz der Vereinten Nationen für Umwelt und Entwicklung 1992 in Rio de Janeiro rief er deshalb die Vertreter der Völker und die Staatschefs auf, Liebenswürdigkeit im Leben walten zu lassen und auch selbst Liebenswürdigkeit zu praktizieren.

Vom Alter gebeugt, wollte er in die Stadt, in der er geboren worden war, zurückkehren, nach Cafelândia, im Bundesstaat São Paulo. Doch der Tod ereilte ihn in Mirandópolis, ebenfalls im Staat São Paulo. José da Trino starb am 28. Mai 1996 im Alter von neunundsiebzig Jahren.

Inzwischen hat Leonardo Guelman, ein junger brasilianischer Philosoph, ein kleines Büchlein veröffentlicht, das den Titel trägt: *Univvverrssum Liebenswürdigkeit. Genesis eines zeitgenössischen Mythos.*[13] Darin zeichnet der Autor das Leben des Mannes nach und versucht, es kulturphilosophisch zu deuten. Zusammen mit dem Bändchen legte Leonardo Guelman auch eine

[13] Guelman, Leonardo, Univvverrsso Gentileza. A gênese de um mito contemporâneo, Rio de Janeiro 1997.

herrliche CD-ROM vor, die er mit der eindrücklichen Reflexion beschließt:

»Liebenswürdigkeit hat auch den Sinn, das Leben in der modernen Stadt zu vermenschlichen. Unsere heutigen Millionenstädte, die von Gewalt und von der Gleichgültigkeit ihrer Einwohner und Einwohnerinnen geprägt sind, erweisen sich für den ›Propheten Liebenswürdigkeit‹ als eine zerstörte Welt, die wiederhergestellt werden muß. Das gilt insbesondere für die Stelle in Niterói, an der der Zirkus abbrannte, wie auch für die Brücke im Stadtteil Cajú am Eingang von Rio de Janeiro. Auf der Asche des Zirkusplatzes und im Auspuffqualm der Megapolis, das heißt an den ungastlichsten und trostlosesten Stellen der Stadtagglomeration, plaziert der Mann aus Cafelândia in blauen Lettern und auf grün-gelben[14] Spruchbändern seine ›Werbung‹. Natürlich hat José da Trino die Betrachtensweise eines einfachen Menschen, so wie dieser die Wirklichkeit und die Kultur Brasiliens erfährt. Aber es geht ihm um einen grundsätzlichen Kontrapunkt gegen die tonangebende, alles bestimmende Lebensform. ›Liebenswürdigkeit zeugt Liebenswürdigkeit‹ verkündet der Prophet in mehr als der Hälfte seiner Graffiti in Rio de Janeiro.«

In einer Wüste aus Beton und Stahl, zu der sich die modernen Städte entwickelt haben, proklamiert unser Prophet ein Ethos, das die Kraft zu einem neuen zivilisatorischen Paradigma* in sich trägt, zum Paradigma der Liebenswürdigkeit – verstanden als Ausstrahlung wesenhafter Achtsamkeit und essentieller Zärtlichkeit.

[14] Grün und gelb sind die brasilianischen Nationalfarben. Auf der grünen Nationalflagge des Landes befindet sich in einem gelben Rhombus überdies der blaue – südliche – Sternenhimmel.

Ohne Zweifel stecken in diesem Paradigma größere Chancen zu Integration und Humanisierung als in jener Daseinsweise von Arbeit und Herrschaft, die mit dem Zirkus in Niterói unterging.

9. FENG SHUI – EINE CHINESISCHE PHILOSOPHIE DER ACHTSAMKEIT

Als Zusammenfassung sozusagen unserer bisherigen Überlegungen möchten wir nun noch einen Blick werfen auf einen wichtigen Aspekt des chinesischen Weltverständnisses, auf die Philosophie des Feng Shui*. In seinen vielen Gestaltungsformen stellt der Feng Shui eine vollkommene Synthese von Achtsamkeit und Sorge dar. Konkret wird er vor allem in der Anlage eines Gartens wie in der Einrichtung eines Hauses, wobei es immer um das rechte Maß und die Integration aller vorfindlichen Elemente geht, und zwar in einer Weise, wie es in der Geschichte sonst kaum eine Kultur bietet. Ja, man kann sagen, die Chinesen sind im Osten das, was die Griechen im Westen waren: ein Volk, unermüdlich auf der Suche nach dynamischem Gleichmaß in allen Dingen. So erklärt sich die wachsende Aufmerksamkeit, die dem Feng Shui inzwischen allenthalben in der Welt entgegengebracht wird.

Das höchste Ideal der chinesischen Überlieferung, so wie es – von Lao-tse (6. – 5. Jahrhundert v. Chr.) und Chuang-tzu (5. – 4. Jahrhundert v. Chr.) konzipiert – im Buddhismus und Taoismus* seinen besten Ausdruck findet, besteht in dem Bemühen, mittels eines Prozesses der Integration aller Unterschiede zur Einheit zu gelangen. Namentlich die bekannten Spannungen zwischen

Jin und Jang, Männlich und Weiblich, Raum und Zeit, Himmlisch und Irdisch sind da die Herausforderung. Das Tao* ist das Maximum einer so verstandenen Integration.

Tao bedeutet sowohl Weg und Methode als auch die geheime und geheimnisvolle Energie, die erst alle Wege eröffnet und alle Methoden erschließt. Tao* läßt sich nicht in Worte fassen, dem Tao gegenüber ist einzig edles Schweigen geboten. Als immanentes Sinnprinzip wohnt es allen Dingen inne. Auch Jin und Jang liegt es zugrunde und zeigt sich mittels ihrer. Das Ideal des Menschen besteht darin, zu einer solch innigen Vereinigung mit dem Tao zu finden, daß er in den Zustand der *Satori*, der Erleuchtung, gelangt. Dann werden ihm Unsterblichkeit und Ewigkeit zuteil. Taoisten begegnen dem höchsten Gut nicht erst jenseits des Todes, wie es christliche Annahme ist, sondern bereits in Zeit und Geschichte, indem sie die Aufhebung aller Dualität und das Hineingenommenwerden ins Tao erfahren. Im Tod wird der Mensch eins mit dem Tao.

Um diese Einheit zu erreichen, muß der Mensch in Einklang kommen mit der Lebensenergie, die Himmel und Erde durchdringt, mit dem *Shi**. Das Wort läßt sich kaum übersetzen. Vergleichen läßt sich *Shi* indes mit der *Ruach* der Juden, mit dem *Pneuma* der Griechen, mit dem *Spiritus* der Lateiner und mit dem *Axé* der* Yoruba-Nagô-Völker in Afrika und zumal im brasilianischen Bahia. Alle diese Begriffe erinnern an den universalen Atem, an die höchste Energie und an die kosmische Lebenskraft.

Dank der Kraft des Shi verändern sich die Dinge unentwegt (vgl. das Buch *I-ching*, das Buch der Verwandlungen), alles befindet sich in einem ununterbrochenen

Prozeß. Im Menschen fließt der Strom der Lebensenergie durch die vierzehn Meridiane der *Akupunktur.* In der Erde bewegt sie sich durch die unterirdischen tellurischen Adern, die gebildet werden durch die elektromagnetischen Felder längs der Meridiane der *Ökopunktur,* die ihrerseits die Oberfläche der Erde durchlaufen. Expandiert Shi, bedeutet das Leben, zieht es sich zusammen, bedeutet das Tod. Gewinnt es an Gewicht, erscheint es als Materie, wird es leicht, erweist es sich als Geist. Die Natur ist die weise Verbindung der verschiedenen Zustandsformen des Shi, angefangen von den schwersten bis hin zu den leichtesten.

Das Shi kleidet sich in die Gestalt der beiden archteypischen* Tiere der chinesischen Kultur, des Tigers und des Drachen. Während der Tiger das Sinnbild für Vernunft und für das Männliche ist, steht der Drachen für das Gefühl und für alles, was weiblich ist. Treffen sich die beiden an einer bestimmten Stelle, tut sich eine angenehme Landschaft auf, mit mildem Säuseln und klaren Wassern, mit sanften Gebirgszügen und grünen Tälern. Der Mensch kommt nicht umhin, sich eingeladen zu fühlen, hier seine Bleibe einzurichten. Feng Shui sind das Vermögen und die Kunst, Haus und Garten zu kultivieren.

Das chinesische Weltbild ist von der Dimension des Raumes geprägt, wohingegen der Westen sein Weltbild von der Zeit her entwirft. Der Raum ist für den Taoismus* der Ort der Begegnung, des Zusammenlebens und der Interaktion aller mit allen. Alle Wesen sind ja Träger der Shi-Energie, und ohne sie könnten niemand und nichts existieren. Die vornehmste Ausdrucksform des Raumes stellen das Haus und der Garten dar. So klein das eine wie das andere auch sein mag, immer sind sie so etwas wie die Zusammenfassung des Weltalls, die Harmonisierung der Elemente, das symphonische Ineinanderklingen der Polaritäten.

Will der Mensch glücklich werden, muß er *Topophilie* entwickeln, will sagen: Liebe zu dem Ort, an dem er lebt und sich mit einem Garten umgibt. Feng Shui ist das handwerkliche Geschick, ja die Kunst, sich Haus und Garten harmonisch einzurichten.

Was Feng Shui letztlich ist, ist aber immer noch eine offene Frage. Wörtlich übersetzt heißt Feng Shui soviel wie *Herr der Anweisungen*. Ursprünglich war es der Weise, der aufgrund seiner Naturbeobachtungen und dank der Tatsache, daß er in feinstem Einklang mit Shi stand, die Anleitungen gab, wie jemand Haus und Garten am besten gestalten solle.

Beatriz Bartoly, eine der kompetentesten Kennerinnen der chinesischen Philosophie in Brasilien, schreibt: »Feng Shui erinnert uns an eine Form des liebevollen – besser sollten wir sagen: des achtsamen und zärtlichen – Umgangs mit dem Banalen unserer Existenz, das im Westen lange Zeit kaum geachtet, wenn nicht geradezu verachtet wurde. Es geht um Sorgfalt, mit der wir Pflanzen und Tiere handhaben, um die Achtsamkeit, mit der wir uns unser Haus einrichten, die Wohnung sauber halten und behaglich gestalten, um die Hingabe, mit der wir kochen und uns ernähren, um den Stil, mit dem wir die Dinge des Alltags mit der prosaischen und zugleich majestätischen Schönheit der Natur umgeben. Indes, mehr als auf Bauten und sonstige Werke aus Menschenhand zielt die chinesische Lebensphilosophie auf Haltung und Handlung des Menschen ab. Denn das Interesse im Feng Shui gilt weniger dem Ergebnis als vielmehr dem Prozeß. Der *Ablauf*, wie etwas schön gestaltet wird, ist wichtiger als das schöne Gesamtbild, das dann daraus wird. Der Wert liegt in der Handlung und nicht im Resultat, im Verhalten und nicht im Werk.«

So erkennen wir: In der Philosophie des Feng Shui liegt das Augenmerk mehr auf dem handelnden Subjekt als auf dem produzierten Objekt, mehr auf dem Menschen als auf Umfeld und Wohnung, mit denen er sich umgibt. Der Mensch hat sich in den Prozeß hineinzugeben, die Wahrnehmung seiner Umgebung zu schärfen und die Energieströme und Rhythmen der Natur zu erfassen. Sein Verhalten hat er in Einklang zu bringen mit den anderen ebenso wie mit den rhythmischen Prozessen von Natur und Kosmos. Ist ihm die innere Ökologie gelungen, dann ist er imstande, auch seine äußere Ökologie erfolgreich zu ordnen.

Feng Shui, so sehr man ihn als Wissenschaft und Kunst betrachten mag, ist grundsätzlich eine ökologisch-kosmische Ethik, deren Sinnspitze darin besteht, liebevoll darauf zu achten, daß sich das Shi sachgerecht in unserem inneren Milieu verteilt.

Angesichts des gegenwärtigen Abbaus von Achtsamkeit und Sorgfalt und in Anbetracht der schweren ökologischen Krise, in der wir heute stecken, kann uns die Philosophie des Feng Shui entschieden helfen, das von Mit-leiden und Liebe getragene Bündnis mit der Natur wiederherzustellen. Verhalten wir uns so, sind wir auch imstande, das ins Wanken geratene Haus der Menschen auf der Grundlage der Achtsamkeit und ihrer vielen Ausdrucksformen wieder bewohnbar zu machen.

XII. SCHLUSS
ACHTSAMKEIT – DIE ZUKUNFT DER AUSGEBEUTETEN DER ERDE

Wir haben gesehen, daß die Kategorie Achtsamkeit der Schlüssel ist zur Entzifferung des Wesens des Menschen. Der Mensch besitzt Dimensionen der Transzendenz. Deshalb kann er alle Tabus verletzen und alle Barrieren überspringen, sich andererseits aber auch allein mit dem Unendlichen zufrieden geben. Im Menschen wohnt ein Stück Jupiter. Nicht ohne Grund erhielt er von Jupiter auch den Geist.

Dem Menschen eignet Immanenz. Dies ist der Grund, weshalb er auf einem Planeten angesiedelt ist, seine Wurzeln an einem bestimmten Ort haften läßt und im Rahmen der Möglichkeiten von Raum und Zeit seine Gestalt gefunden hat. In ihm steckt etwas von Tellus, von der Erde. Einer der Stoffe, aus denen er gemacht ist, ist *Humus* - Erdboden –, und von *Humus* leitet sich das lateinische Wort für Mensch – *Homo* – her.

Der Mensch bewegt sich im Takt der Zeit. Doch Zeit ist kein leerer Ablauf, bar jeden Inhalts. Zeit hat es mit Geschichte zu tun, angereichert mit der Historie des Weltalls wie mit den Taten der Menschen, und da insbesondere mit den Kämpfen der Unterdrückten, die nichts als Befreiung und Leben wollen. Zeit baut sich Schritt für Schritt auf und ist mithin ein *concretum concretissimum*. Zugleich beinhaltet Zeit darüber hinaus einen utopischen Horizont und trägt die Verheißung einer Zukunft der Fülle für die Menschen in sich, namentlich für die Ausgeschlossenen, aber auch für den ganzen Kosmos. Nur wer das Unmögliche will, bringt das Mögliche zustande. Dank dieser Dynamik birgt der Mensch auch immer etwas von Saturn, dem Herrn von Zeit und Utopie, in sich.

Allerdings ist es nicht damit getan, derartige Definitionen zu beteuern. Was damit gemeint ist, zerreißt den Menschen. Es spannt ihn ein, ja, es kreuzigt ihn zwischen Himmel und Erde, zwischen Gegenwart und Zukunft, zwischen Ungerechtigkeit und Freiheitskampf.

Welcher Alchimie* bedarf es, soll ein Band Jupiter, Tellus / Erde und Saturn zusammenhalten? Oder anders gesagt: Was für eine Energie ist nötig, sollen Transzendenz und Immanenz, Geschichte und Utopie, Kampf für Gerechtigkeit und Frieden zu einer Einheit finden und endlich das vollgültige Humanum gebären?

Die mythologische Fabel des Gaius Iulius Hyginus* erinnert uns an die uralte Weisheit, daß Achtsamkeit alle Dinge umschlingt; daß Achtsamkeit den Himmel auf die Erde hinabholt und die Erde bis an den Himmel reichen läßt; daß Achtsamkeit den Übergang schafft sowohl von der Transzendenz zur Immanenz als auch von der Immanenz zur Transzendenz, aber auch von der Geschichte zur Utopie und daß Achtsamkeit die Kraft schenkt, sich inmitten Tausender von Konflikten für den Frieden zu engagieren. Ohne Sorge und Achtsamkeit, die der zum Ausgeschlossenwerden verdammten Menschheit ihre Würde zurückgeben, werden wir niemals zu einem neuen Paradigma* des Zusammenlebens finden.

Achtsamkeit und Sorge sind früher als Geist (Jupiter) und Körper (Tellus). Der Geist vermenschlicht sich, und der Körper wird lebendig, wenn er von Achtsamkeit gestaltet ist. Andernfalls verliert sich der Geist in Abstraktionen, und der Körper unterscheidet sich nicht mehr von der unförmigen Materie. Sorge und Achtsamkeit veranlassen den Geist, einem greifbaren Körper seine Form zu geben, unter den Bedingungen der Zeit, aber immer so, daß er für die Geschichte offen ist und sich nach der Utopie (Saturn) ausstreckt. Achtsamkeit und Sorge pflanzen aber auch der Zärtlichkeit den Samen der Revolution ein, indem sie ihr das Gesellschaftliche als vorrangig vor dem Individuellen und die Entwicklung nicht denkbar erscheinen lassen ohne die Verbesserung der Lebensqualität für die Menschen und die anderen Lebewesen. Sorge und Achtsamkeit verleihen dem Menschen Komplexität, Einfühlung, Solidarität und Herzlichkeit und bringen ihn in Verbindung mit allem und mit allen Wesen im Universum.

Achtsamkeit und Sorge haben in jedem Teilchen, in jeder Dimension und in jedem verborgenen Fältchen des menschlichen Wesens ihr Markenzeichen hinterlassen. Ohne besorgte Achtsamkeit wäre der Mensch unmenschlich.

Alles, was lebt, braucht Nahrung. Als Kernstück des Menschseins muß auch die Achtsamkeit unentwegt ernährt werden. Das vielfache Echo, in dem die achtsame Sorge widerhallt, gibt in den unterschiedlichen Situationen des Lebens nicht nur ihre konkrete Manifestationsform zu erkennen, sondern ist zugleich auch ihre lebensnotwendige Nahrung. Achtsamkeit lebt von biologischer Urliebe, von Zärtlichkeit, von Liebkosung, von Mit-leiden und von heiterer Gesellschaftsfähigkeit, sofern alle diese Realitäten in recht bemessenem Maß zueinander stehen. Ohne die Erfahrung von Achtsamkeit würde der Mensch wie ein Tamagotschi verkümmern und eingehen.

In der Krise, in der das Projekt Mensch heute steckt, ist leidvoll zu spüren, wie es allenthalben an Achtsamkeit fehlt. Die negativen Auswirkungen des Defizits zeigen sich in der beklagenswerten Lebensqualität vielerorten, im erbarmungslosen Umgang mit der verarmten Mehrheit der Menschen, in der Umweltzerstörung und im wahnwitzigen Anschwellen der Gewalt.

Abwegig, eine Therapie ohne den Menschen zu suchen. Eine ethisch verantwortete Lösung liegt beim Menschen selbst, verstanden in seiner ganzen Fülle, einschließlich des Unendlichen. Der Mensch muß sich wieder sich selbst stellen und anerkennen, daß er sein Proprium in sorgsamer Achtsamkeit hat.

Bleibt zu hoffen, daß die Achtsamkeit auf allen Feldern sprießt, daß sie die Gärten der Menschen ebenso gedeihen läßt, wie sie alles, was Beziehung ist, zum Erblühen bringt. Achtsame Sorge wird das Leben retten, den Verarmten Gerechtigkeit bringen und alle die Erde als ihr Vater- und Mutterland wieder erkennen lassen.

GLOSSAR

Die im Text mit einem Sternchen (*) versehenen Wörter werden im folgenden erläutert.

Alchimie: Verständnis von Chemie im Mittelalter und in der Renaissancezeit, dem zufolge man meinte, sämtliche Metalle in Gold verwandeln zu können. Die Rede war vom ›Stein der Weisen‹, den es zu finden galt. In der Psychologie steht der Begriff für tiefe Veränderungen, die jemand erfährt und durch die er seine innere Freiheit erlangt und seine Identität entwickelt.

Andropisches Prinzip: Vorstellungskonstrukt, das – als *schwaches* ›Andropisches Prinzip‹ – folgendes beinhaltet: Die Tatsache, daß wir als Menschen (griechisch: *anér, andrós* [im Gegensatz zu den Göttern] = Mensch, Mann) existieren und alles zu denken und zu sagen imstande sind, was wir de facto denken und sagen, setzt voraus, daß die Entwicklung des Universums mit solcher Zielstrebigkeit erfolgte, daß sie eben den Menschen hervorbrachte. Andernfalls gäbe es uns nicht als Menschen. Das *starke* ›Andropische Prinzip‹ geht darüber hinaus und läßt das All um des Menschen willen geplant und entstanden sein. Doch so etwas wäre Anthropozentrismus*, den die Mehrzahl der Wissenschaftler ablehnt.

Androzentrismus: Dem Griechischen entlehntes Wort, das die Konzentration der Macht beim Mann (griechisch:

anér, andrós) und die daraus resultierende Unterdrükkung der Frau zum Ausdruck bringt. Vgl. Patriarchat*.

Anima / animus: Mit dem Begriffspaar wollte der Schweizer Psychologe Carl Gustav Jung (1875–1961) die männliche (*animus*) bzw. weibliche (*anima*) Dimension bezeichnen, die jeder Mensch – ob Mann, ob Frau – in sich trägt und die in unterschiedlichen kulturbedingten Verhaltensmustern zum Ausdruck kommt.

Anthropoiden: Gruppe der höheren Primaten (Menschenaffen), einschließlich Orang-Utan, Gorilla und Schimpanse.

Anthropozentrismus: Weltbild, nach dem sich der Mensch im Mittelpunkt des Universums befindet. Der Sinn des Weltalls bestünde demnach darin, dem Menschen zu Diensten zu stehen, so daß dieser über die Dinge nach seinem Gutdünken verfügen könnte. Offenbar eine falsche und gefährliche Selbstüberschätzung.

Archetypen: Im kollektiven Unbewußten der Menschheit haftende Urmuster des Verhaltens, die bis in früheste Zeiten zurückreichen. Hinter den Archetypen verbergen sich Grunderfahrungen, die Lebenshilfen sein wollen. Auf der Ebene des Bewußten melden sie sich in der Form von großen Symbolen, von Träumen, Utopien und beispielhaften Gestalten.

Autopoiesis: Aus griech. *autós* = selbst und *poieo* = machen. Der Begriff bezeichnet den Evolutionsprozeß, insofern er sich selbst schafft und sich selbst organisiert. Vgl. Selbstorganisierung*.

Axé: Aussprache *aschäh* (auf der letzten Silbe betont). In den afrobrasilianischen Religionen zunächst den Gottheiten (*orixás*) geweihte heilige Gegenstände: Steine, Werkzeuge, Gefäße … Dann aber auch und vor allem: magische, schöpferische Kraft in Natur und All.

Biosphäre: Der gesamte Lebensraum von Pflanzen und Tieren in der Luft und im Wasser, auf der Erde und unter der Erde. Gelegentlich auch die Lebewesen selbst.

Chaos: Unvorhergesehenes Verhalten bestimmter, insbesondere lebender Systeme, aus denen sich dann neue Ordnungen entwickeln. Aus diesem Grund gilt das Chaos nicht mehr als ›chaotisch‹, sondern als ›generativ‹.

Dissipative Strukturen: Mit Hilfe dieses Begriffs beschreibt Iliya Prigogine, Chemienobelpreisträger 1977, den Prozeß, daß organische Wesen die natürliche Tendenz zur Unordnung (Entropie*) auflösen (lateinisch: *dissipare*) und Chaos und Trümmer, dank des sie durchfließenden Stroms von Energien und Informationen, zu komplexeren, höheren Ordnungen machen.

Elektromagnetische Wechselwirkung: Der physikalische Begriff ›Wechselwirkung‹ besagt, daß physikalische Objekte insofern in Wechselwirkung zueinander stehen, als sie sich gegenseitig durch zwischen ihnen wirkende Kräfte beeinflussen. Die elektromagnetische Kraft (Urkraft*) wirkt nur auf geladene Teilchen. Ist sie entgegengesetzt zu diesen, ziehen die Teilchen sich an; ist sie ihnen ähnlich, stoßen sie sich ab.

Entropie: Unumkehrbarer natürlicher Energieverlust eines Systems oder auch des gesamten Universums. Der Prozeß tendiert gegen null (alle Wärme ist verbraucht): thermischer Tod. Vgl. Syntropie*.

Ermächtigung: Übersetzung des englischen Wortes *empowerment*. Der Begriff beinhaltet das Bemühen oder auch die Tatsache, daß Machtlosen in der Gesellschaft Kompetenz und Macht zuteil werden bzw. daß die Macht unter allen Bürgerinnen und Bürgern sozialisiert wird und daß die sozialen Bewegungen ganz an der Ausübung der Bürgerrechte beteiligt sind.

Ethos: Das griechische Wort bedeutet ursprünglich die Höhle von Tieren oder auch das Haus des Menschen. Im übertragenen, inzwischen aber gängigen Sinn meint es das Gesamt von Prinzipien, welches – über die verschiedenen Kulturgrenzen hinweg – das Verhalten des Menschen regelt, insofern der Mensch ein Wesen mit Bewußtsein, Freiheit und Verantwortung ist. In diesem Sinn bildet das Ethos sozusagen die Behausung, in der sich der Mensch persönlich wie gesellschaftlich bewegt. Vgl. Moral*.

Favela: Aus Blech, Brettern, Pappe, Palmstroh oder Lehm errichtete Hütten und Elendsviertel in brasilianischen Städten. Häufig fehlt auch die elementarste Infrastruktur.

Feng Shui: Chinesische ökologische Philosophie, der es um ein möglichst harmonisches Ambiente des Wohnraumes und der Arbeitsverhältnisse des Menschen geht, so daß alle dort wirkenden Kräfte zu einem Ausgleich kommen.

Fluktuation: Schwankung innerhalb einer bestimmten Ordnung, deren Gleichgewicht immer schwach und bedroht ist und folglich immer wiederhergestellt sein will. Lebendige, zumal soziale Systeme befinden sich stets in Fluktuation.

Gaia: Name, mit dem in der griechischen Mythologie die Erde bezeichnet wird. Der Wissenschaftler James Lovelock nennt die Erde Gaia, weil sie Formen von Reaktionen und von Gleichgewicht zeigt, die sonst von lebenden Wesen her bekannt sind. Demnach wäre die Erde – als Gaia – ein lebendiger Superorganismus.

Gravitations-Wechselwirkung: Der physikalische Begriff ›Wechselwirkung‹ besagt, daß physikalische Objekte insofern in Wechselwirkung zueinander stehen, als sie sich gegenseitig durch zwischen ihnen wirkende Kräfte beeinflussen. Gravitationskraft ist dabei die auf jede Masse wirkende Anziehungs- bzw. Schwerkraft. Sie ist die universalste, allerdings auch die schwächste der vier Urkräfte*.

Hinduismus: In vielen Ausprägungen vor allem in Indien bestehende Religion. Der Hinduismus resultiert aus einer Jahrhunderte langen Entwicklung des Vedismus und des Brahmanismus, die sich durch philosophische Spekulationen und durch Übernahme örtlicher Kulte veränderten.

Holismus: Der Begriff, der sich vom griechischen *hólos* = *ganz* herleitet, wurde von dem südafrikanischen Philosophen Jan Smuts 1926 geprägt und bezeichnet das Bemühen des Geistes, das Ganze in den Teilen und die Teile innerhalb des Ganzen zu erkennen. Alles ist ein dynamischer, zugleich differenzierter und einheitlicher Prozeß.

Hominiden: Gruppe innerhalb der Spezies der Primaten, näherhin der Mensch, so wie wir ihn heute kennen: *Homo sapiens.*

Hyginus: Gaius Iulius Hyginus, ägyptischer Sklave, den sich Caesar Augustus in Rom zum Leiter der palatinischen Bibliothek machte. Verfasser der mythologischen Fabel von der sorgfältigen Achtsamkeit, um die es im vorliegenden Buch geht. Hyginus starb im Jahr 10 unserer Zeitrechnung.

Ko-evolution: Gemeinsame Entwicklung der Ökosysteme mitsamt der sie konstituierenden Elemente, einschließlich der sozialen und technischen Systeme.

Komplementarität: Von Niels Bohr (1885–1962) 1928 formuliertes Prinzip, nach dem Materie und Strahlung zugleich Welle und Teilchen sein können. Die beiden

Beschreibungen ergänzen sich. Das Komplementaritätsprinzip gilt auch auf anderen Feldern, auf denen Widersprüche herrschen, die aber innerhalb eines globalen Systems als komplementär zu verstehen sind.

Komplexes System: Das Gesamt miteinander verbundener Elemente bildet ein System. Das System gilt als komplex, wenn die es konstituierenden Elemente zahlreich sind und die zwischen ihnen herrschenden Beziehungen deutlich voneinander differieren.

Körperhaftigkeit: Der Begriff bezeichnet den Menschen in seiner Gesamtheit, insofern er ein lebendiges Wesen und Teil von Schöpfung und Natur ist. Körperhaftigkeit ist nicht zu verwechseln mit Körperlichkeit, insofern dieser Terminus im Rahmen einer dualistischen Anthropologie den Menschen als eine Einheit aus zwei verschiedenen Teilen versteht, aus Leib und Seele.

Kosmologie: Gesamt von Vorstellungen, die sich eine Gesellschaft von den verschiedenen Aspekten des Weltalls macht und zu einem Weltbild zusammenfügt. Mittels dieses Weltverständnisses ordnet sie den Menschen in die ganze Fülle der Wesen ein, so daß sich dieser mithin im Kosmos orientieren kann.

Kosmologisches Prinzip: Hypothese, der zufolge das Universum von vier Urkräften* in der Natur – von der Schwerkraft (Gravitation*), von der elektromagnetischen* Kraft und von der schwachen* und starken* Wechselwirkung – bestimmt ist und Ähnlichkeiten überall (das heißt: es ist homogen) und in alle Richtungen hin (das heißt: es ist isotrop) aufweist.

Kyberwesen: Makroorganismus aus der Symbiose* bzw. Verbindung biologischer Gegebenheiten mit mechanischen und elektronischen Realitäten. Heutige Gesellschaften zum Beispiel sind solche Kyberwesen, insofern in ihnen Menschen, Gemeinwesen, Maschinen und Informationsnetze ko-existieren und sich gemeinsam weiterentwickeln (ko-evoluieren*) und mithin ein Ganzes bilden, das – jetzt unter dem Steuer des Menschen – den Evolutionsprozeß vorantreibt.

Logos: Der griechische Begriff steht für Geist, Verstand, Sinnstruktur (vgl. Logik).

Matriarchat: Als Matriarchat (aus lateinisch *mater* = *Mutter* und griechisch *arché* = *Herrschaft*) wird eine Kultur bezeichnet, deren tragendes Prinzip und gesellschaftlicher Mittelpunkt die Frauen bzw. die Mütter sind. Das Gegenteil dazu ist das Patriarchat*.

Matrifokal: Qualität einer Kultur, die in den Frauen (bzw. Müttern) ihr strukturierendes Prinzip hat. Synonym dazu: Matriarchal, im Gegensatz zu patriarchal*.

Moral: Konkrete Formen, in denen das Ethos* geschichtlich ausgeprägte Gestalt gewinnt. Moralauffassungen unterscheiden sich, weil sich auch Zeiten und Kulturen unterscheiden. Indes, alle Moralkodizes verweisen auf das Grundethos des Menschen, das sich immer gleich bleibt.

Morphogenetisch: Bei der Autopoiesis * spielen nicht nur physikalisch-chemische Faktoren eine Rolle, sondern auch bestimmte Formen, will sagen: spezifische Muster, wie sich die Elemente strukturieren, so daß jedes Wesen mit sich selbst identisch ist, sich dadurch aber von den anderen Wesen innerhalb der einen gemeinsamen biologischen Tradition unterscheidet.

Nachhaltigkeit: Siehe Zukunftsfähigkeit*.

Noosphäre: Das Wort geht auf die griechische Vokabel *nous, noos* = *Geist* zurück. Von dem französischen Paläontologen, Philosophen und Mystiker Pierre Teilhard de Chardin (1881–1955) in den dreißiger Jahren geschaffener Begriff, mit dem er – nach der Biosphäre und der Anthroposphäre – den Beginn einer neuen Phase der Menschheit bezeichnen will. Diese neue Phase ist gekennzeichnet durch planetarisches Bewußtsein und durch umfassende Verantwortung für das gemeinsame Geschick der Menschen und des Planeten Erde.

Nukleosynthese: Der Terminus benennt das Entstehen großer Atomkerne aufgrund von Nuklearreaktionen. Diese resultieren entweder aus dem Urknall (Ur-Nukleosynthese, die zu leichten Elementen führt wie Wasserstoff und Helium) oder aus Verhältnissen innerhalb der großen roten Sterne (in denen sich die Elemente bilden, die schwerer sind als Helium und leichter als Eisen) oder aus Bedingungen innerhalb der Supernova (Erschöpfung des Kohlenstoffes, so daß der Stern explosionsartig zerreißt und alle übrigen Elemente entstehen, die schwerer als Eisen sind).

Ontologisch: Eigenschaftswort, das sich auf das Wesen, auf die tiefere Identität, auf die spezifische Natur einer Sache bezieht. So zum Beispiel in bezug auf den Menschen: wesenhafte Achtsamkeit und Sorge.

Panentheismus: Der Begriff besteht aus drei griechischen Elementen: *pan = alles*, *en = in* und *theós = Gott*. In der wörtlichen Übersetzung heißt der Terminus mithin: Gott ist in allem, und alles ist in Gott. Die Lehre des Pan-en-theismus behauptet also die gegenseitige Präsenz der Geschöpfe in Gott und Gottes in den Geschöpfen. Wichtig dabei ist, daß der Pan-en-theismus durchaus um die Differenz zwischen Gott und Geschöpf weiß. Dadurch unterscheidet er sich qualitativ vom Pantheismus, für den alles in gleicher Weise Gott ist.

Paradigma: Das Gesamt von Prinzipien, Ideen und Werten, das die Menschen eines Gemeinwesens insgesamt akzeptieren und das ihnen als Bezugs- und Orientierungspunkt dient. Das Paradigma ändert sich, wenn es zu neuen Einschätzungen der Wirklichkeit kommt, wie es gegenwärtig geschieht.

Pathos: Fähigkeit des Menschen zum Gefühl, tiefes Gefühl. Leidenschaft. Weiterentwicklungen des Wortes Pathos sind: Sym-pathie, pathetisch, Patient.

Patriarchat: Vgl. Androzentrismus*, Matriarchat*.

Quantenmechanik: Die Quantenmechanik ist eine zu Beginn des 20. Jahrhunderts entwickelte physikalische Theorie, welche die Eigenschaften der Materie und der Energien auf subatomarer Ebene zu erklären versucht. Demnach gelten Materie und Licht gleichzeitig als Teilchen und Welle. Das Ganze hat aber lediglich Wahrscheinlichkeitscharakter. Das Lichtteilchen heißt Energie-*quantum*. Daher *Quanten*-mechanik.

Quantenvakuum: Mit Teilchen und virtuellen Antiteilchen, die in Bruchteilen von Sekunden auftreten und wieder verschwinden, gefüllter Raum. Alles kommt aus dem Quantenvakuum, und alles kehrt ins Quantenvakuum zurück. In der uns bekannten Ordnung ist das Quantenvakuum die Urquelle alles Existierenden wie alles möglicherweise Existierenden.

Schwache Wechselwirkung: Der physikalische Begriff ›Wechselwirkung‹ (Urkraft*) besagt, daß physikalische Objekte insofern in Wechselwirkung zueinander stehen, als sie sich gegenseitig durch zwischen ihnen wirkende Kräfte beeinflussen. Die schwache Wechselwirkung ist verantwortlich für den Zerfall der Atome und der Radioaktivität.

Selbstorganisierung: Spontanes Organisieren der Materie und der Urenergie, das zum Entstehen lebender Wesen führt. Auch als Autopoiesis* bezeichnet.

Shi: Im Taoismus* namenlose und unbenennbare, geheimnisvolle Urkraft, die das ganze Universum wie jedes Sein durchdringt. Shi zeigt sich in Jin und Jang.

Starke Wechselwirkung: Der physikalische Begriff ›Wechselwirkung‹ (Urkraft*) besagt, daß physikalische Objekte insofern in Wechselwirkung zueinander stehen, als sie sich gegenseitig durch zwischen ihnen wirkende Kräfte beeinflussen. Die starke Wechselwirkung verbindet die Quarks (die elementarsten Teilchen), so daß sie Protonen und Neutronen bilden und daß daraus der Atomkern entsteht. Auf Photone und Elektrone wirkt sie nicht. Die starke Wechselwirkung ist die mächtigste der Naturkräfte.

Symbiose: Bestehend aus zwei griechischen Wörtern: *syn[m] = mit, zusammen* und *bíos = Leben,* besagt der Begriff die Verbindung lebender Arten, von der beide Seiten profitieren. Weiter gedacht dann: die Verbindung lebender Wesen, gesellschaftlicher Systeme und Systeme von Maschinen. Konkret läßt sich das letzte Phänomen an unseren modernen Städten ablesen.

Synergie: Zusammenwirken aller gegebenen Kräfte im Blick auf die Erhaltung des betreffenden Ökosystems und aller einzelnen es konstituierenden Individuen.

Syntropie: Zusammenspiel von Faktoren und Energien, welches den Energieschwund aufhebt. Gegenstück zu Entropie*.

Tao – Taoismus: Zentraler, aber nicht leicht zu fassender Begriff des Buddhismus (Taoismus). Unter anderem kann er den Weg des Alls, der Dinge und der Menschen bedeuten, ebenso wie die Urenergie, die alles durchdringt und leitet. Verinnerlicht der Mensch diese Wirklichkeit in sich, bedeutet Tao Verklärung und Einheit mit dem Ganzen und mit allem.

Thermodynamik: Zweig der Physik und der Chemie, in dem die Wärme und die durch Wärme verursachten Veränderungen untersucht werden. Die beiden Hauptsätze der Thermodynamik besagen zum einen, daß Wärme Energie ist und daß Wärme im Universum immer konstant bleibt, und zum anderen, daß Wärme (Energie) immer einen nicht wieder wettzumachenden Verlust erfährt. Der Energieschwund heißt Entropie*. Ein geschlossenes System strebt danach, die ganze in ihm enthaltene Wärme zu verbrauchen und sich im thermischen Tod zu stabilisieren. Im offenen System hingegen gilt das Prinzip der Syntropie*, das heißt: Es hat die Fähigkeit, die Entropie zu vermindern und weniger energiefressende Ordnungen zu entwickeln.
Unsichtbare Masse: Materie unbekannter Zusammensetzung, ohne jede Lichtausstrahlung. Die Existenz der unsichtbaren Masse leitet sich her aus der Beobachtung der Bewegungen der Sterne und des Gases in den Galaxien. Man nimmt an, daß 90–98 % der Gesamtmasse des Weltalls unsichtbare Masse sind.
Upanischaden: Sanskrit-Wort zur Bezeichnung der heiligen Texte des Hinduismus. Als göttliche Offenbarung betrachtet, datieren sie vom Ende der Veda-Zeit (700–300 v. Chr.). Die Upanischaden, die den Veda interpretieren wollen, betonen die Notwendigkeit, sich mittels der Erkenntnis, daß alles Illusion ist, aus dem Kreislauf der Geburten zu befreien.
Urkraft: Vgl. Elektromagnetische* Wechselwirkung, Gravitations-Wechselwirkung*, schwache* Wechselwirkung und starke* Wechselwirkung.
Zenbuddhismus: Variante des Buddhismus, die sich ab dem 6. Jahrhundert in Japan verbreitete. Der Zenbuddhismus legt Wert auf Meditation (*Zen*) ohne Bilder,

auf Liebe zur Natur und auf Handarbeit, weil gerade letztere die Selbstbeherrschung und Selbsterkenntnis fördert.

Zukunftsfähigkeit: Das Wort *Zukunftsfähigkeit* erwächst aus dem Bemühen, den englischen Begriff *sustainaibility* (portugiesisch: *sustentabilidade*) interpretierend zu verdeutschen. Ein anderer Übersetzungsversuch ist *Nachhaltigkeit*. Der Begriff *Nachhaltigkeit* ist der Forstwirtschaft entlehnt und besagt, daß dem Wald nur soviel Holz entnommen werden darf, wie aus eigener Kraft nachwächst. So bleibt der Wald *zukunftsfähig*. Der Begriff wanderte von der Forstwirtschaft in die Ökologie. Anliegen ist: Die Grundbedürfnisse müssen in einer Weise befriedigt werden, daß die natürlichen Ressourcen bewahrt bleiben und künftige Generationen, die ja auch ein Recht haben, zu leben und ihre Grundbedürfnisse zu befriedigen, von der gegenwärtig existierenden Menschheit den Planeten Erde unversehrt erben und seine Ökosysteme heil übernehmen können.

Vom gleichen Autor

Der Adler und das Huhn
oder Wie der Mensch Mensch wird
188 Seiten mit Abb. Gebunden
ISBN 3-491-72389-2

Die Stunde des Adlers
Wie der Mensch das Fliegen lernt
248 Seiten. Gebunden
ISBN 3-491-72400-7

Am Rand des Himmels
Geschichten von Gott und Welt
152 Seiten. Gebunden
ISBN 3-491-77011-4

Unser Haus, die Erde
Den Schrei der Unterdrückten hören
352 Seiten. Broschur
ISBN 3-491-77984-7

Patmos Verlag Düsseldorf